Fundamentos de marketing

Central de Qualidade – FGV Management
ouvidoria@fgv.br

PUBLICAÇÕES
FGV Management

SÉRIE GESTÃO EMPRESARIAL

Fundamentos de marketing

4ª edição

Darci Basta
Fernando Roberto de Andrade Marchesini
José Antônio Ferreira de Oliveira
Luís Carlos Seixas de Sá

FGV management

FGV EDITORA

ISBN — 85-225-0407-5

Direitos desta edição reservados à
EDITORA FGV
Praia de Botafogo, 190 — 14º andar
22250-900 — Rio de Janeiro, RJ — Brasil
Tels.: 0800-21-7777 — 21-2559-5543
Fax: 21-2559-5532
e-mail: editora@fgv.br
Pedidos: pedidoseditora@fgv.br
web site: www.editora.fgv.br

Impresso no Brasil / *Printed in Brazil*

1ª edição — 2003
2ª edição revista e atualizada — 2003
3ª edição — 2004
4ª edição — 2005

Revisão de originais: Luiz Alberto Monjardim

Editoração eletrônica: FA Editoração Eletrônica

Revisão: Fatima Caroni e Mauro Pinto de Faria

Capa: aspecto:design

Ilustração de capa: Mario Guilherme V. Leite

Basta, Darci
Fundamentos de marketing / Darci Basta, Fernando Roberto de Andrade Marchesini, José Antônio Ferreira de Oliveira, Luís Carlos Seixas de Sá; — 4. ed. — Rio de Janeiro : Editora FGV, 2005.
148 p. — (Gestão empresarial (FGV Management))

Abaixo do título: Publicações FGV Management
Inclui bibliografia.

1. Marketing. I. Marchesini, Fernando. II. Oliveira, José Antônio Ferreira de. III. Sá, Luís Carlos Seixas de. IV. Fundação Getulio Vargas. V. FGV Management. VI. Título. VII. Série

CDD - 658.8

Aos nossos alunos e aos nossos colegas docentes,
que nos levam a pensar e repensar nossas práticas.

Sumário

Apresentação

Este livro faz parte da Série Gestão Empresarial das Publicações FGV Management, programa de educação continuada da Fundação Getulio Vargas (FGV).

Instituição de direito privado com mais de meio século de existência, a FGV vem gerando conhecimento por meio da pesquisa, transmitindo informações e capacitando por meio da educação, prestando assistência técnica a organizações e contribuindo para um Brasil sustentável e competitivo no cenário internacional.

A FGV é composta de várias unidades, cabendo aqui destacar a Escola de Pós-Graduação em Economia (EPGE) e a Escola Brasileira de Administração Pública e de Empresas (Ebape). A EPGE, criada em 1961 pelo prof. Mario Henrique Simonsen, é a mais antiga escola de pós-graduação em economia do Brasil. A Ebape, criada em 1952 com o apoio das Nações Unidas, é a mais antiga escola de administração da América do Sul. Ambas as escolas têm sua excelência internacionalmente reconhecida, e é de sua interação que emana o FGV Management.

Para viabilizar sua vocação e propósitos, o FGV Management possui uma rede de conveniados em todo o país (ver www.fgv.br/fgvmanagement).

As Publicações FGV Management representam mais um esforço da FGV em socializar seu aprendizado e suas conquistas. Os livros desta série, escritos por professores do FGV Management, profissionais de reconhecida competência acadêmica e prática, visam atender às demandas do mercado, tendo como suporte sólida fundamentação teórica.

A FGV espera, com mais esta iniciativa, oferecer a estudantes, gestores e técnicos — a todos, enfim, que têm internalizado o conceito de educação continuada, tão relevante nesta era do conhecimento em que vivemos — insumos que, agregados às suas práticas, possam contribuir para sua especialização, atualização e aperfeiçoamento.

Clovis de Faro
Diretor da Escola de Pós-Graduação em Economia

Bianor Cavalcanti
Diretor da Escola Brasileira de Administração Pública e de Empresas

Ricardo Spinelli de Carvalho
Diretor executivo do FGV Management

Sylvia Constant Vergara
Coordenadora das Publicações FGV Management

Introdução

O objetivo deste livro é iniciar o leitor nos conceitos e princípios fundamentais do marketing, evidenciando a visão globalizada dos negócios e a gestão de parceria. O livro está organizado como segue.

O primeiro capítulo apresenta as definições do marketing segundo vários autores, assim como a evolução do conceito ao longo do tempo.

O segundo capítulo descreve os elementos que compõem o ambiente onde o marketing desenvolve suas atividades, mostrando as forças internas e externas que interferem no desempenho da organização.

No terceiro capítulo apresentam-se os elementos de que o marketing e a organização dispõem para desenvolver estratégias visando à consecução de seus objetivos: produto, preço, promoção e praça.

O quarto capítulo focaliza o comportamento do consumidor em suas ações de compra e as etapas que compõem o processo de decisão de compra.

No capítulo 5 discutem-se as formas pelas quais o marketing obtém os elementos para a tomada de decisões, em especial a pesquisa de marketing e o sistema de informação de marketing.

No sexto capítulo, os conceitos de segmentação de mercado mostram a importância de se encontrar um público específico para ofertas que favoreçam a lucratividade da organização.

O capítulo 7 mostra como a organização procura definir a sua imagem e o seu posicionamento no mercado.

No oitavo capítulo examinam-se as relações do marketing com as demais áreas de atividade da organização, bem como os conflitos e as formas de neutralizá-los.

Descreve-se, ainda, o perfil exigido do profissional de marketing nos tempos atuais, marcados por mudanças e complexidades.

Por último, apresentam-se as conclusões que se podem tirar daquilo que foi exposto nos capítulos anteriores.

1

O conceito de marketing

O mundo passa por grandes transformações que, às vezes, fogem ao controle de indivíduos e organizações. Novas crenças, novos valores, novos desejos, novas necessidades e expectativas se apresentam a cada dia.

Uma organização é um organismo vivo com valores e propósitos específicos, com uma missão e objetivos a atingir. É um sistema único, composto de diversos subsistemas, cada qual com atividades típicas e funções básicas específicas: suprimentos, produção, finanças, recursos humanos e marketing. Cada subsistema interage com os demais, funcionando às vezes como cliente, às vezes como fornecedor, numa relação que, se harmoniosa, integrada e sintonizada com os objetivos empresariais, pode contribuir para o êxito do sistema organizacional. A figura 1 procura retratar a visão sistêmica.

Figura 1

VISÃO SISTÊMICA DA ORGANIZAÇÃO

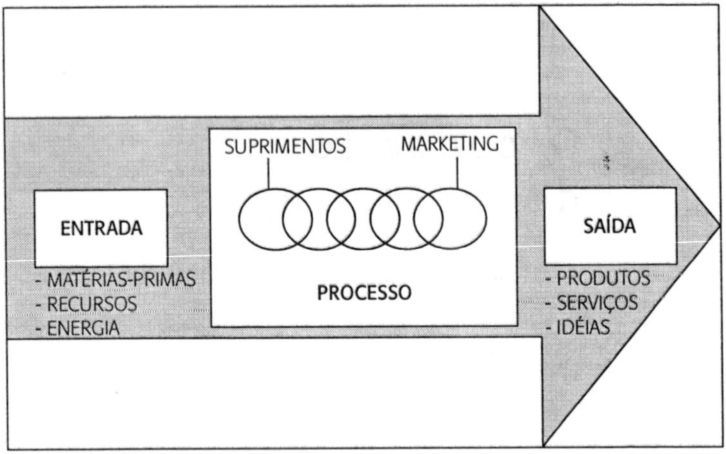

Que é marketing?

A American Marketing Association (1988:322) definiu marketing como "um processo pelo qual se planeja e efetua a concepção, a fixação do preço, a promoção e a distribuição de idéias, bens e serviços que estimulam trocas que satisfazem aos objetivos individuais e organizacionais".

Segundo Raimar Richers (1981:5), "marketing é a intenção de entender e atender o mercado".

Para Peter Drucker (1992:36), "pode-se presumir que sempre haverá alguma necessidade de vender. Mas a meta do marketing é tornar a venda supérflua, é conhecer e entender tão bem o consumidor que o produto ou o serviço se adapte a ele e se venda sozinho".

Kotler (2000:30) define marketing como "o processo social por meio do qual pessoas e grupos de pessoas obtêm aquilo de que necessitam e o que desejam com a criação, oferta e livre negociação de produtos e serviços de valor com outros".

Segundo Ambrosio (1999:1), "marketing é o planejamento e ação de detalhes".

Marketing como orientação da gestão empresarial

A relação entre as organizações e seus clientes tem evoluído ao longo do tempo. Existem quatro orientações básicas: para a produção, para o produto, para as vendas e para o marketing.

A orientação para a produção

As organizações orientadas para a produção desenvolvem produtos em larga escala, que podem ser facilmente encontrados a preços baixos. Seguem a lógica do fabricante e não levam em conta a qualidade nem a variedade de ofertas.

A orientação para o produto

Com o acirramento da concorrência, as organizações passam a desenvolver produtos que ofereçam melhor qualidade e desempenho e maiores benefícios. Essas organizações acreditam que os seus produtos são superiores e que, naturalmente, os clientes irão demandá-los. À semelhança daquelas orientadas para a produção, sofrem daquilo que Levitt (1960) definiu como miopia em marketing: focam o produto e suas características, sem levar em consideração as necessidades e os desejos dos clientes.

A orientação para vendas

Essa orientação parte do pressuposto de que os clientes normalmente mostram inércia e podem ser induzidos a comprar mais. Assim, a organização desenvolve um conjunto de instrumentos promocionais — venda pessoal, propaganda e promoções — com o objetivo de vender mais. Muitas vezes, porém, essa venda se resume a uma compra por impulso ou a uma única transação, não existindo, portanto, a preocupação de estabelecer um relacionamento comercial ao longo do tempo.

A orientação para o marketing

Em contraposição às orientações anteriores, aqui a organização parte do princípio de que a identificação das necessidades e desejos dos clientes atuais e futuros deve servir de base para o desenvolvimento de produtos e serviços. Nesse contexto, os clientes não são todos iguais, nem do ponto de vista sociodemográfico, nem do comportamental. Além disso, necessidades e desejos evoluem ao longo do tempo, levando as organizações a promover mudanças. Ao desenvolver suas ofertas, elas passam a considerar não apenas uma transação comercial, mas um relacionamento de longo prazo que traga benefícios constantes para ambas as partes.

Atualmente, as organizações orientadas para o marketing também se preocupam em desenvolver produtos socialmente responsáveis, que contribuam para o equilíbrio ambiental e o desenvolvimento sustentável do país em que atuam.

O marketing evoluiu ao longo do tempo. Segundo Kotler (2000:278), nos anos 1970 praticava-se o marketing de massa. Então, os clientes eram todos iguais. A mídia de massa, especialmente a TV, os estimulava a comprar produtos e serviços. Era a época do marketing perdulário, do marketing "na marra", como diz o autor.

Nos anos 1980 praticava-se o marketing segmentado. Nessa perspectiva, os clientes tinham necessidades e desejos diferentes, e o que servia para um grupo de clientes não era necessariamente interessante para outro.

Na década de 1990 passou-se a adotar o marketing de relacionamento. Percebeu-se que havia consideráveis diferenças de comportamento e atitudes dentro de um grupo de clientes com características sociodemográficas homogêneas. As organizações procuraram ouvir mais os clientes, tentando identificar seus desejos e necessidades para poder atendê-los. As ofertas de marketing, em termos de produtos, serviços, preços, canais e comunicação, tornaram-se muito mais específicas e rentáveis.

A partir de 2000 e cada vez mais, no futuro, as organizações tenderão a praticar o marketing individualizado, desenvolvendo ofertas cada vez mais personalizadas para, em última instância, fidelizar os seus clientes.

A personalização crescente do marketing se traduz também na sua variedade de denominações: marketing individualizado; micromarketing; marketing personalizado; marketing *one-to-one*, entre outros. Um bom exemplo do marketing individualizado é a empresa japonesa NB, que oferece 11.232 variações possíveis de bicicletas.

O novo profissional de marketing

Neste milênio, o profissional de marketing deverá: utilizar a pesquisa constante como principal ferramenta de suas estratégias; conhecer profundamente o segmento de atuação de sua empresa; procurar antecipar os passos dos concorrentes existentes e, principalmente, estar bem informado quanto à concorrência potencial e futura; estar atento às novas oportunidades e ameaças; conhecer muito bem os desejos e necessidades dos seus consumidores, bem como suas novas expectativas; ser criativo, dada a similaridade dos produtos e serviços; considerar a responsabilidade social; e atuar como consultor de negócios, tentando encontrar alternativas que atendam não só às necessidades dos clientes, mas também aos objetivos organizacionais. Em suma, eis as características do novo profissional de marketing:

- saber ouvir; falar somente o necessário;
- saber ampliar seus horizontes, buscando novas experiências que lhe permitam evoluir (princípio do *infomanager*);
- saber definir e priorizar objetivos;
- saber planejar, organizar e delegar (princípio do *empowerment*);
- saber identificar as necessidades, desejos e expectativas dos consumidores, buscando atendê-los;
- ter autoconfiança e autocontrole;
- saber trabalhar em equipe (princípio do *team work*);
- estar sempre atento às mudanças (princípio da flexibilidade);
- ser criativo e buscar acordos alternativos (ganha *versus* ganha).

Exercitando conceitos

Defina marketing usando suas próprias palavras e caracterize a sua orientação ao longo do tempo.

2

O ambiente de marketing

As atividades de marketing ocorrem no limiar da fronteira da organização com seus clientes, fornecedores, intermediários, concorrentes, entidades públicas e privadas. Tais atividades se desenvolvem num ambiente de constantes mudanças internas (no âmbito organizacional) e externas (nos âmbitos nacional e internacional).

O ambiente de marketing pode ser representado por círculos concêntricos, como se vê na figura 2.

Figura 2

O AMBIENTE DE MARKETING

Fonte: Adaptado de Anderson & Vincze (2000).

Clientes – o foco central

As organizações de sucesso têm os clientes como centro do seu pensamento estratégico. Eles representam a sua razão de ser. Os clientes podem ser pessoas físicas, organizações privadas ou estatais, ou mesmo organizações sem fins lucrativos que estejam dispostas a comprar bens e serviços por um determinado valor.

Quando inseridos num mercado, eles representam uma oportunidade de marketing. Os especialistas vão procurar identificar o tamanho e o potencial dessa clientela, sua localização, suas necessidades atuais e futuras, seus hábitos de consumo e seus principais atributos, bem como o grau de importância que conferem aos diversos produtos e serviços que lhes podem ser ofertados.

Hoje em dia, todos os funcionários de uma organização, independentemente de sua área funcional, precisam conhecer os conceitos e os princípios de marketing, cujo foco central é o cliente.

O ambiente organizacional

As atividades desenvolvidas pelo marketing ocupam um espaço específico no contexto organizacional. Sua missão fundamental é conhecer profundamente as necessidades dos clientes e satisfazê-las por meio de ofertas que agreguem um valor único. Para tanto formulam-se estratégias e ações táticas de marketing. Estas últimas, conhecidas como *marketing mix* ou composto mercadológico, consistem em decisões abrangendo produtos e serviços, preços, promoção (comunicação) e praça (distribuição). As ações táticas de *marketing mix* requerem, para a sua implementação, uma forte interface com outras áreas funcionais da organização, como recursos humanos, finanças, produção, tecnologia da informação etc.

O microambiente do marketing

O microambiente do marketing é formado por concorrentes, intermediários, fornecedores, entidades privadas e públicas, a seguir discriminados.

Concorrentes atuais e potenciais

Pode-se afirmar que os concorrentes exercem forte influência na lucratividade, na participação de mercado (*market share*) e até mesmo na viabilidade de qualquer organização.

A análise da concorrência precede e serve de base para a formulação de estratégias competitivas de marketing. De caráter prospectivo, consiste em prever a evolução de cada um dos principais concorrentes nos próximos anos, bem como a possibilidade de novos entrantes e o papel desempenhado pelos produtos substitutos.

Para avaliar a concorrência, podem-se empregar diferentes metodologias, entre as quais se destacam:

- análise Swot — desenvolvida por professores de Harvard nos anos 1960, considera os pontos fortes e fracos relativos (a organização *vis-à-vis* seus principais concorrentes), bem como as oportunidades e os riscos que o mercado apresenta;
- análise estrutural da indústria (Porter, 1991) ou análise das cinco forças competitivas (concorrentes atuais, novos entrantes, poder de barganha dos clientes, poder de barganha dos fornecedores e produtos substitutos) — baseada na teoria microeconômica, examina os fatores de competitividade que determinam a lucratividade de um conjunto de organizações (indústria) atuantes num mesmo setor econômico.

Tal metodologia reveste-se de interesse particular para o marketing, pois considera fatores competitivos que interferem indiretamente na percepção dos clientes e que explicam, do ponto de vista estrutural, o sucesso ou insucesso de organizações que atuam num mesmo setor;

- análise de percepção de valor do cliente — essa técnica leva exclusivamente em conta os fatores de percepção que interferem no processo de compra de um determinado produto ou serviço e permite conhecer dois importantes indicadores competitivos: o índice de qualidade percebida e o índice de preços relativos.

Fornecedores

Os fornecedores interessam particularmente ao marketing por interferirem na proposta de valor que a organização pretende desenvolver para os seus clientes, seja do ponto de vista técnico, de produção e logística, seja nas atividades de custeio e na precificação de produtos, considerando diferentes níveis de serviços.

O marketing incentiva os fornecedores a oferecer soluções diferenciadas que agreguem valor ao produto, dificultando a transferência de clientes para a concorrência. Diminuindo os custos com mudanças, a organização torna-se mais lucrativa. Como se sabe, a gestão de fornecedores exige grande habilidade de negociação. A questão, para o marketing, é identificar as condições existentes na organização *vis-à-vis* as dos principais concorrentes.

Outras questões interferem nesse processo de negociação, tais como a diferenciação do produto oferecido, a localização geográfica, a existência de bens e produtos substitutos, o número de fornecedores e, sobretudo, a participação de cada fornecedor nas compras da organização e a participação da organização nas vendas daquele fornecedor.

Intermediários

Os intermediários de marketing são os atacadistas, distribuidores e varejistas, que representam os canais de distribuição. As atividades dos intermediários destinam-se a fazer chegar às mãos dos clientes uma vasta gama de produtos e serviços produzidos pelos fabricantes.

Entre os intermediários incluem-se organizações transportadoras ou de telecomunicações; serviços, tais como bancos, seguradoras e agências de publicidade; o comércio varejista, representado por lojas tradicionais e virtuais etc. Todos eles têm importante papel na competitividade e lucratividade das organizações, razão pela qual devem ser objeto de constante avaliação por parte dos profissionais de marketing.

Entidades privadas e públicas

A opinião pública pode afetar positiva ou negativamente a competitividade de uma organização, caso esta adote ou não práticas ética e socialmente responsáveis. Tal pressão se exerce através de associações ou organizações não-governamentais (ONGs). Essas entidades privadas e públicas têm alertado a opinião pública para várias questões, tais como utilização de mão-de-obra infantil nas atividades organizacionais; propaganda enganosa (Conselho Nacional de Auto-Regulamentação Publicitária — Conar); proteção aos direitos dos consumidores (Fundação de Proteção e Defesa do Consumidor — Procon); segurança no trabalho; proteção ambiental; utilização de matérias-primas biodegradáveis etc.

O macroambiente do marketing

Todas as organizações são também afetadas por fatores externos, sobre os quais normalmente não se tem controle. Esses fatores compõem o macroambiente.

A análise do macroambiente não garante que se possa prever com certeza o que as organizações terão de enfrentar, mas pode ajudar no que concerne a:

- compreensão das mudanças externas ao ambiente da organização, o que pode ser vital para a sobrevivência do negócio;
- suporte e gerenciamento de estratégias atuais e futuras da companhia;
- mudança de atitude dos executivos quanto à visão estratégica do negócio.

Do exame regular das tendências e impactos — em termos de oportunidades e riscos — das principais variáveis do macroambiente, poderão resultar novos produtos e serviços, novos segmentos e tecnologias, bem como alianças estratégicas, terceirização de serviços etc.

Dado o alto nível de turbulência ambiental no Brasil, não é fácil perceber o impacto que as mudanças macroambientais podem provocar nas estratégias atuais e futuras de uma organização. Seus executivos precisam estar preparados para enfrentar essas dificuldades.

Planejar o futuro, por mais difícil que seja, é melhor do que deixar a organização ao sabor dos acontecimentos. Assim ela poderá aproveitar melhor as oportunidades e minimizar os riscos do setor econômico em que está inserida.

Segmentos do macroambiente

Os segmentos do macroambiente são os ambientes social, econômico, político e tecnológico, como veremos a seguir.

O ambiente social

Trata-se de questões ligadas à demografia, aos estilos de vida e aos valores sociais. O estudo da demografia inclui a análise de algumas variáveis, tais como tamanho da população, faixa etária, distribuição geográfica, etnias etc.

É muito importante conhecer a demografia. Por exemplo, nos últimos 10 anos, a taxa média de crescimento populacional no Brasil foi de aproximadamente 1,3% ao ano. Isto significa que as vendas de uma organização provavelmente crescerão nesse mesmo ritmo.

Examinando certos aspectos relacionados ao estilo de vida, percebe-se, por exemplo, que a crescente preferência por bebidas naturais e repositoras de energia levou ao desenvolvimento de um novo mercado: o de bebidas isotônicas. De forma análoga, novas necessidades e ocasiões de compra deram origem às chamadas lojas de conveniência.

O importante é estar atento à estrutura e à mobilidade da população, às mudanças nos estilos de vida e nos valores sociais, e perceber como tudo isso pode afetar os negócios, positiva ou negativamente.

O ambiente econômico

Ao refletir sobre o impacto que as mudanças econômicas geram nos negócios, deve-se compreender a diferença entre as mudanças de ordem estrutural e as de ordem cíclica.

As mudanças de ordem estrutural dizem respeito ao que acontece num setor econômico, como por exemplo a convergência de produtos e serviços de voz, dados e imagem no setor de telecomunicações. Elas podem também envolver mais de um setor econômico. É o caso do interesse das organizações produtoras e distribuidoras de energia elétrica pelos mercados de gás natural e de telecomunicações.

As principais variáveis a serem consideradas do ponto de vista econômico-estrutural são as seguintes:

- Qual é o ciclo de vida do setor? É preciso verificar o comportamento da produção industrial do setor com relação ao produto interno bruto (PIB). Trata-se de um setor dinâmico, estável ou decadente?
- Existem numerosos competidores? São bem equilibrados?
- Existem barreiras à entrada de novos concorrentes, tais como: economia de escala; acesso aos canais de distribuição; tecnologia patenteada; necessidade de forte aporte de capital inicial; disponibilidade de matérias-primas; existência de reservas de mercado; localização geográfica etc.?
- Estará esse setor sujeito a fusões e aquisições?
- Existem acordos competitivos entre fornecedores ou concorrentes?

Além dessas variáveis econômicas, ditas estruturais, há que considerar as variáveis econômicas cíclicas. Ainda que mais previsíveis, elas também afetam, e muito, o negócio. Podem-se considerar, entre outras, a inflação, o nível de emprego, a taxa de juros, a taxa cambial, o PIB, a balança comercial etc.

O ambiente político

No que diz respeito ao ambiente político, é importante considerar a atuação dos partidos e dos grupos que eles representam. As privatizações e a desregulamentação de alguns setores, as instituições jurídicas, a legislação sindical, a proteção à indústria nacional, a lei de patentes, os impostos, o código de defesa do consumidor e a legislação antitruste são algumas variáveis importantes.

O ambiente tecnológico

Aqui é importante refletir sobre certos aspectos relacionados à tecnologia do produto e da produção que podem afetar a economia do setor, inclusive a presença de produtos substitutos. A análise ajuda a decidir sobre investimentos em pesquisa e desenvolvimento e sobre a conveniência de adotar novas tecnologias, devido às mudanças nos hábitos e padrões de consumo das organizações e indivíduos.

A Souza Cruz, por exemplo, procura diminuir continuamente o *leadtime*, ou seja, o período compreendido entre a venda e a entrega do produto ao cliente. Para ser bem-sucedida, ela investiu fortemente em tecnologia. Seus vendedores trabalham equipados com *palmtops* que lhes permitem registrar as vendas do dia, ter acesso aos estoques, conhecer as necessidades dos varejistas e, ao final de 45-50 visitas por dia, transmitir, via modem, os seus pedidos às centrais de processamento. Estas, por sua vez, através de softwares sofisticados, garantem a entrega do produto em milhares de pontos-de-venda em até 24 horas, maximizando a produtividade das organizações e a satisfação dos clientes.

Todavia, além de levar em conta as variáveis cíclicas e suas tendências, uma organização pode ousar, mudando suas próprias características e as do setor econômico em que atua, o que requer inovação contínua, a capacidade de colocar-se "na pele" do cliente e com ele ter empatia (Hamel, 2002). Para tanto, ela deve pensar de forma diferente das demais organizações do setor, considerando eventos que possam advir da ação de clientes, fornecedores, concorrentes, agências governamentais e da própria organização.

As organizações que têm essa atitude criam novos mercados e tratam de forma singular a questão do macroambiente. Entre as organizações internacionais com essas características destacam-se a Nokia, a Southwest, a Intel e muitas outras. Entre as organizações nacionais, cabe citar a Aracruz Celulose (com o desenvolvimento de técnicas para otimizar o tempo de corte do eucalipto), a Embraer (disponibilizando ao mercado de aviação comercial jatos de médio porte para rotas de curta distância), a Fiat (com a criação do primeiro carro popular de mil celindradas com quatro portas) e a TAM (que inovou no padrão de qualidade de atendimento em terra e no ar).

Mercado global

Mesmo as organizações brasileiras que não estão presentes nos mercados internacionais também são afetadas, e muito, pela globalização. Isso em virtude da importação de insumos, peças, *design* de produtos, tecnologias e estilos de vida ou mesmo da chegada de competidores estrangeiros. A globalização dos mercados, fortemente impulsionada pelos *microchips* da tecnologia de informação e pelas associações de livre-comércio (Mercosul, Nafta), tem requerido dos executivos de marketing, em particular, um melhor entendimento da dinâmica dos mercados internacionais em termos de consumidores e produtos. A velocidade da comunicação entre consumidores e organizações de inúmeros países, possibilitada em grande parte pelo advento da Internet, tem promovido novas formas de interação humana. A Internet vem igualmente revolucionando a forma pela qual as organizações se relacionam comercialmente com fornecedores, clientes e consumidores finais, mudando radicalmente os canais de distribuição.

A Internet diminuiu sensivelmente as barreiras comerciais existentes há menos de 10 anos, tais como: acesso aos canais de distribuição; barreiras alfandegárias; economias de escala; capital; localização geográfica; transferência de recursos financeiros etc. Hoje, uma organização pode comercializar os seus produtos, com segurança, em vários países, sem ter que estar presente neles.

Para as organizações varejistas, outro ponto relevante é o tamanho da classe média mundial. A Eurodata, conceituado instituto de pesquisa internacional, estima que essa classe irá aumentar de 1,2 bilhão de pessoas em 2000 para 2 bilhões em 2010. Certamente isso criará enormes possibilidades de negócios para todas as organizações varejistas. A tecnologia da informação está promovendo uma globalização dos padrões de comportamento, o que pode ser observado nos hábitos e costumes dos adolescentes.

Nota-se uma homogeneização da cultura global provocada pela Internet e pela mídia de massa. Isso se reflete, por exemplo, na adoção crescente de marcas internacionais de prestígio; no predomínio dos valores do cinema de Hollywood; no desenvolvimento de brinquedos (Pokémon) e produtos tecnológicos (computadores, *palmtops*, telefones celulares) que promovem múltiplas formas de interação entre as pessoas, independentemente de sua nacionalidade, religião ou raça.

Enfim, o novo profissional de marketing tem que estar preparado para conviver num mundo global, sem fronteiras, sem negligenciar o mercado local, com suas particularidades socioeconômico-culturais.

Exercitando conceitos

1. O que você entende por microambiente do marketing e quais são os seus elementos?
2. Quais são os elementos do macroambiente do marketing e por que devem ser estudados?

3

Elementos do composto de marketing

A expressão *marketing mix* (composto de marketing) foi utilizada pela primeira vez por James Culliton em 1948. Para descrever os principais elementos que interferem nas decisões de marketing, ele os dividiu em dois grupos, a saber:

- as forças do ambiente — o comportamento dos clientes e consumidores; os intermediários (atacadistas e varejistas); a concorrência; o governo (força externa);
- os elementos do marketing — o planejamento do produto; a fixação do preço; a distribuição (gestão de canais de distribuição física); a promoção, a propaganda, a promoção de vendas, a publicidade e a força de vendas; o serviço ao cliente; a pesquisa de marketing.

Em 1960, McCarthy resumiu esses elementos do *marketing mix* ao que se conhece hoje por 4 Ps (produto, preço, praça e promoção) ou composto mercadológico. Para ele, a noção de serviços faz parte da gestão de produtos, a pesquisa de marketing faz parte do planejamento, e as forças do ambiente são consideradas quando se elaboram as estratégias de marketing.

Produto

É um conjunto de benefícios que satisfaz um desejo ou uma necessidade do consumidor e pelo qual ele está disposto a pagar em função de sua disponibilidade de recursos. Os produtos vão além de bens tangíveis. De modo geral, incluem objetos físicos, serviços, pessoas, locais, organizações, idéias ou combinações desses elementos.

Níveis de produto

Os produtos dividem-se em três níveis: básico, real e ampliado.

O produto básico representa a finalidade do produto, o que o cliente necessita. Por exemplo, um aparelho para comunicar-se.

O produto real é o desenvolvimento do produto básico e inclui um padrão de qualidade, embalagem, *design* e marca que irá atender à necessidade do cliente. No caso, poderia ser um telefone celular ou um telefone fixo.

Finalmente, pode-se ampliar o produto agregando-lhe benefícios adicionais, tais como: identificador de chamadas, correio de voz, assistência técnica, garantia e outros serviços complementares.

Portanto, um produto é mais do que um simples conjunto de aspectos tangíveis. Os clientes tendem a vê-los como um pacote de benefícios que lhes satisfaz as necessidades não apenas físicas, mas também emocionais. Ao desenvolver um produto, o profissional de marketing deve primeiro identificar as necessidades básicas do cliente para depois projetar o produto real e descobrir meios de ampliá-lo, a fim de criar um conjunto de benefícios que o torne mais atraente para o cliente. Hoje, a diferenciação da concorrência apóia-se na ampliação do produto. As organizações de sucesso acrescentam às suas ofertas benefícios que não só satisfaçam, mas superem as expectativas dos consumidores.

Tipos de produtos

Existem duas categorias, a saber:

- tangíveis (bens materiais) — duráveis (automóveis, vestuário, máquinas industriais); não-duráveis (cerveja, xampu, alimentos);
- intangíveis (bens imateriais) — serviços (salão de cabeleireiro, manutenção de equipamentos industriais); pessoas (um atleta, um político); locais (Rio de Janeiro, Fortaleza); organizações (Unicef, igrejas); idéias (planejamento familiar, vacinação).

Decisões de produto

Entre as principais decisões relativas à gerência da política de produto cabe salientar: marca, *design* e embalagens e rótulos.

Marca

A marca tem a finalidade de distinguir produtos e serviços de outros análogos mas de procedência diversa. Registrada nos institutos nacionais de propriedade industrial, a marca não pode apresentar coincidências com registros já existentes. Ela assegura ao titular a propriedade e o direito exclusivo, constituindo-se num ativo da organização.

A marca é um nome, signo ou símbolo, ou uma combinação desses elementos, para identificar os produtos ou serviços de um vendedor ou grupos de vendedores e diferenciá-los dos de seus concorrentes.

Os clientes vêem na marca uma parte importante do produto. Na verdade, a marca valoriza o produto. Ela tornou-se um ponto importante na estratégia do produto. Entretanto, desenvolver um produto com marca requer vultosos investimentos em marketing. Alguns fabricantes acham mais fácil e menos dispendioso produzir um bem e deixar para outros a tarefa de dar-lhe uma marca. Assim fazem os asiáticos: produzem para o mundo inteiro uma grande quantidade de roupas, aparelhos eletrônicos e computadores que são vendidos sob marcas estrangeiras. Isso faz com que o poder esteja nas mãos das organizações que controlam as marcas. Os consumidores tornam-se fiéis a elas, e não a seus fabricantes.

Marcas de prestígio conquistam a lealdade do cliente. Grande número de clientes exige essas marcas e recusa substitutas, mesmo quando oferecidas a preços menores. As organizações que desenvolvem marcas fortes estão mais protegidas de seus concorrentes.

Uma marca pode englobar até quatro níveis de significado:

- atributos — boa concepção, durabilidade, prestígio, velocidade;
- benefícios — os consumidores não compram atributos, mas benefícios; portanto, os atributos correspondem aos benefícios funcionais e emocionais;

- valores — identificação dos grupos específicos de compradores cujos valores coincidam com o pacote de benefícios oferecidos;
- personalidade — a marca também projeta a personalidade, visto que atrai a pessoa cuja imagem real ou desejada combine com a imagem dessa marca.

O desafio é desenvolver significados profundos para a marca. Levando em conta os quatro níveis de significado, deve-se decidir em que nível criar a identidade da marca. Os significados mais duradouros de uma marca são seus valores e sua personalidade; eles definem a essência da marca. A empresa deve formular sua estratégia tendo em vista a criação e proteção da personalidade da marca.

A marca tem maior valor quando os compradores lhe são fiéis, seja porque estão cientes de sua qualidade e a associam a determinados atributos, seja porque elas possuem outros atrativos, como patentes, marcas registradas e relacionamentos com os canais de distribuição.

Os profissionais de marketing devem administrar as marcas com cuidado, de modo a preservar-lhes o valor. Devem desenvolver estratégias que mantenham ou fortaleçam a conscientização da marca, a percepção de sua qualidade e utilidade, bem como as associações positivas a que se prestaram ao longo do tempo. Isso exige um investimento contínuo em pesquisa e desenvolvimento, uma comunicação inteligente e um excelente atendimento à rede varejista e aos clientes.

Alguns analistas vêem a marca como o maior ativo de uma organização, sobrepondo-se até mesmo aos seus produtos e às suas instalações físicas.

Design

Outra forma de valorizar o produto é através do seu *design*. Algumas empresas são famosas pelo seu *design*. Este pode ser uma das armas competitivas mais eficazes do arsenal de marketing de uma empresa. Um bom *design* contribui tanto para a utilidade quanto para o aspecto do produto. Com a intensificação da concorrência, o *design* torna-se um elemento poderoso de diferenciação e fortalece o posicionamento dos produtos e serviços de uma empresa. Um bom *design* pode atrair a atenção, melhorar o desempenho do produto, reduzir os custos de produção, logística e distribuição, e conferir ao produto uma forte vantagem competitiva no mercado-alvo.

Embalagens e rótulos

A embalagem inclui o projeto e a confecção do recipiente ou invólucro do produto. O rótulo também faz parte da embalagem e consiste numa informação impressa colada em sua superfície. As decisões sobre embalagens sempre se baseiam em fatores como custo e produção. A função primordial da embalagem era conter e proteger o produto, mas diversos fatores tornaram-na uma importante ferramenta de marketing. Com a expansão do auto-serviço, as embalagens atraem a atenção dos consumidores, descrevem o produto e incrementam suas vendas.

À medida que os produtos se igualam em suas características, os profissionais de marketing se desdobram para chamar a atenção dos consumidores nos pontos-de-venda. Grande parte das decisões de compra é tomada nos pontos-de-venda. Os clientes compram produtos, e não embalagens, mas a apresentação é fundamental para motivar a compra. Por isso as embalagens são periodicamente trocadas. Mesmo marcas tradicionais, líderes na categoria, quando reformulam o produto, utilizam a embalagem para comunicar a novidade.

Preço

Preço é o valor agregado que justifica a troca. A transferência de posse de um produto é planejada e adequada por esse elemento (valor percebido *versus* custos *versus* benefícios).

Antes de definir preços, a organização deve considerar quais são os objetivos de marketing relativos a seu produto (ou serviço). Quanto mais claros forem seus objetivos, mais fácil será estabelecer os preços. As decisões de precificação devem ser coordenadas com o projeto, a distribuição e a promoção do produto, a fim de tornar o seu posicionamento coerente e eficaz.

Algumas organizações tomam decisões de preço utilizando a técnica do *mark-up,* isto é, analisam os custos inerentes à produção, comercialização, distribuição e divulgação do produto, consideram a margem de lucro pretendida e definem seu preço levando ou não em conta os preços médios praticados pelos concorrentes.

Outras organizações consideram o preço-teto que o mercado está disposto a pagar pelo produto e, internamente, ajustam seus custos e lucros para se tornarem competitivas.

Outra técnica utilizada para a fixação de preço considera a percepção de valor dos clientes quanto ao preço praticado por uma organização *vis-à-vis* o preço praticado pelos concorrentes para o mesmo produto. Essa técnica visa identificar sobretudo os atributos de preço que precisam ser melhorados. Às vezes a organização oferece ao cliente um preço de balcão mais baixo que o da concorrência e mesmo assim o produto é percebido como caro. Isso significa que, além do preço de balcão ou de lista, outros atributos de preço interferem na decisão de compra, tais como descontos, prazo para pagamento, taxa de juros, garantias, retorno de mercadorias e serviços adicionais gratuitos.

Muitas organizações estão adotando a técnica conhecida como leilão corporativo: conectadas por rede com os seus fornecedores, elas sinalizam que aceitam ofertas abaixo de um valor predeterminado.

Além dos custos inerentes às principais atividades internas de produção, distribuição, comercialização e serviços pós-vendas dos produtos, há que se considerar fatores externos nas decisões de preços. Um deles é a natureza do mercado (monopolista ou oligopolista). Outro é a capacidade de retaliação dos concorrentes, quando há uma guerra de preços ou mesmo variações abruptas de preços. Nesses casos é importante que a organização planeje com antecedência as suas possíveis reações.

Fatores externos como o ciclo de desenvolvimento econômico, a recessão, a inflação e as taxas de juros também afetam as decisões sobre preços, uma vez que pressionam para cima ou para baixo os custos dos produtos.

A empresa deve, pois, considerar com cuidado os vários fatores internos e externos que interferem no seu negócio, antes de estabelecer preços para produtos e serviços.

Praça ou distribuição

Praça é o local ou o meio pelo qual é oferecido o produto. Aqui, trata-se de planejar e administrar *onde, como, quando e sob que condições* o produto será colocado no mercado (logística).

O *P* de pontos-de-venda é também chamado simplesmente de ponto, praça ou distribuição. É uma forma mnemônica de se referir a um conjunto de elementos que visa tornar o produto disponível para o consumidor onde e quando ele o desejar. Para tanto é necessário considerar os canais de distribuição, a logística de mercado e as variáveis que integram esses elementos.

De todos os elementos que compõem o *marketing mix*, a distribuição é, aos olhos do cliente ou consumidor, a menos aparente e palpável. Entretanto, para a organização, as decisões de distribuição são muito importantes pelos impactos que geram nos outros elementos do *marketing mix*, especialmente a longo prazo. Por exemplo: as decisões relativas à política de preços vão depender da escolha, do tamanho e do número de intermediários, assim como as decisões relativas ao número de vendedores e à qualidade da força de vendas vão depender, entre outros fatores, do número e da capacitação dos distribuidores.

As decisões de distribuição devem também levar em conta o caráter dinâmico dos canais. Hoje eles podem estar perfeitamente adaptados às necessidades dos clientes, mas estas evoluem com o tempo, e o canal pode tornar-se ineficaz. Um bom exemplo são os microcomputadores, que, além das vendas em lojas especializadas, são também muito vendidos em hipermercados.

Os intermediários

Uma organização pode vender os seus produtos diretamente aos consumidores finais. Na prática, porém, a maioria dos fabricantes utiliza intermediários. Ao tomar essa decisão, o fabricante sabe que a venda do seu produto pode não ser realizada da maneira como ele gostaria. Além disso, assim ele também irá se afastar um pouco do consumidor final. Mas o fabricante também obtém algumas vantagens, tais como: o acesso ao canal de distribuição; a capacitação de certos distribuidores/atacadistas para a venda do produto; as economias de escala — as vendas são realizadas em grandes quantidades; a possibilidade de o produto estar presente em locais muito distantes da fábrica; e o conhecimento da clientela local.

Em suma, pode-se dizer que a utilização de intermediários permite aos fabricantes reduzir substancialmente os custos logísticos (estoques, transporte e armazenagem), comerciais (negociação, promoção e números de contatos necessários para efetuar uma venda), financeiros (riscos do financiamento) e com serviços de atendimentos ao cliente.

Os canais de distribuição

Podem-se distinguir dois tipos de canais de distribuição: diretos e indiretos, como mostra a figura 3.

Figura 3

TIPOS DE CANAIS DE DISTRIBUIÇÃO

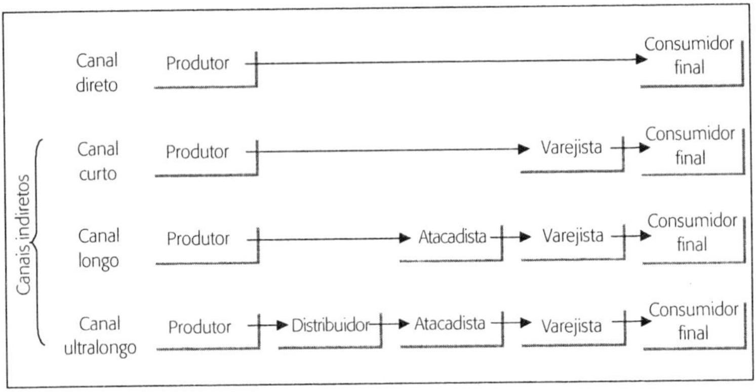

Canal direto

Caracteriza-se pela ausência de um intermediário entre o produtor e o consumidor, existindo apenas dois níveis. O produtor participa de todas as atividades pertinentes à distribuição, podendo conhecer melhor seus clientes e seu mercado, adaptar-se mais rapidamente às mudanças e lançar novos produtos com mais facilidade. Porém, mesmo eliminando as comissões dos intermediários, ele terá que dispor dos recursos financeiros e humanos necessários para exercer todas as funções de distribuição.

Canais indiretos

Podem existir três tipos de canais indiretos: curto, longo e ultralongo, comportando, respectivamente, três, quatro e cinco níveis.

O canal curto é freqüentemente utilizado por fabricantes de bens duráveis, como móveis e eletrodomésticos. Sua principal vantagem em relação ao canal longo é poder ser mais bem controlado e prestar-se à realização de campanhas promocionais em parceria com os varejistas.

Já o canal longo é o mais utilizado pelas empresas produtoras de bens de consumo.

O canal ultralongo é bastante utilizado no setor de alimentação. À semelhança do canal longo, ele diminui as necessidades de caixa do fabricante e favorece o planejamento de sua produção, uma vez que os pedidos recebidos já foram fechados pelos atacadistas. Além disso, reduz em muito os gastos com a equipe de vendas, pois o número de clientes a visitar é muito pequeno.

Eis algumas decisões típicas que um profissional de marketing terá que tomar nessa área:

- tipo de intermediário — varejista, atacadista, força de venda direta;
- comprimento do canal — curto, longo, ultralongo;
- número de intermediários (após a escolha do comprimento do canal).

As responsabilidades e o comprometimento das organizações que compõem o canal, as funções exercidas pelos intermediários, os contratos, as condições de vendas, os direitos territoriais e a política de promoções também deverão ser objeto de suas decisões.

Promoção

A organização, no seu dia-a-dia, estabelece diversas formas de comunicação que visam promover os seus produtos, serviços, benefícios, valores e marca, bem como fortalecer o relacionamento a longo prazo com os clientes.

O desenvolvimento de um programa integrado de comunicação de marketing leva em conta todos os instrumentos presentes no composto de comunicação, a saber: propaganda, promoção de vendas, relações públicas, venda pessoal e atendimento ao cliente.

A coordenação dessas atividades promocionais entre si e com os demais elementos do composto mercadológico é fundamental para que a organização atinja os seus objetivos de comunicação com o mercado de forma harmoniosa e coerente com os objetivos de marketing dos produtos e com a imagem da marca.

Segundo a Associação Americana de Marketing, propaganda é toda forma paga e impessoal de promover idéias, bens e serviços por conta de uma instituição patrocinadora. Assim, o que se considera propaganda comporta necessariamente o pagamento a um veículo de comunicação pela compra de um espaço publicitário.

Propaganda de produto e propaganda institucional

Há que se fazer uma distinção entre propaganda de produto e propaganda institucional. A primeira visa fortalecer o posicionamento do produto na sua categoria ou a sua marca. A segunda diz respeito à imagem corporativa, podendo ter por objetivo: gerar uma atitude positiva por parte dos clientes, fornecedores, intermediários e o público em geral, favorecendo a escolha da marca em detrimento de suas concorrentes (interesse comercial); apresentar a empresa como ecologicamente correta e socialmente responsável; solucionar eventuais conflitos com o governo, os acionistas ou associações (interesse de relações públicas); ou, finalmente, divulgar fatos de interesse público (interesse social).

Propaganda cooperada

É quando duas ou mais empresas dividem os custos relativos à propaganda. Essas empresas podem ser fabricantes (por exemplo, quando as indústrias de CDs se unem para custear a propaganda contra a pirataria existente no setor) ou varejistas (por exemplo, quando as Lojas Americanas anunciam promoções de produtos de diferentes fabricantes). A propaganda cooperada visa especialmente a resultados de vendas a curto prazo.

A propaganda contribui para o sucesso comercial da marca. Mas, igualmente, a qualidade do produto ofertado, a intensidade da distribuição, o preço sugerido e os esforços de promoção e vendas podem fazer com que o papel desempenhado pela propaganda seja diferente nesta ou naquela situação.

Assim, se o processo de decisão de compra de um produto for longo e o valor elevado, caberá à propaganda fornecer informações sobre as características da marca da organização e os benefícios a ela associados. Se, por outro lado, o processo de decisão de compra for curto, o papel da propaganda é manter ou aumentar a notoriedade da marca.

Além disso, há que se ter em conta a ação promocional dos concorrentes. Estes ditam, a curto prazo, o papel da propaganda. Uma propaganda intensa e dinâmica por parte dos concorrentes obrigará a organização a reagir imediatamente para não perder a sua participação de mercado. Um bom exemplo é o da Ambev com o guaraná Antártica, em face dos ataques desferidos pela Coca-Cola com o produto Kuat.

Promoção de vendas

É um dos principais instrumentos promocionais utilizados pelas organizações por proporcionar resultados de vendas mais imediatos, a custos bem inferiores aos da propaganda de massa.

Voltada para o consumidor final, pode ser realizada de inúmeras maneiras: demonstrações nos pontos-de-venda mais diversos (lojas, supermercados etc.), liquidações ou vendas especiais, concursos, distribuição de amostras grátis, patrocínio de eventos etc.

Também é voltada para o varejista: por exemplo, descontos progressivos em função de aumento da quantidade vendida, serviços de *merchandising*, reposição de gôndolas e precificação realizada por funcionários dos fabricantes ou alternativamente. O varejista é compensado pela realização desses serviços, por ocasião da promoção, com prêmios e campanhas de incentivo à sua força de venda.

Relações públicas

As funções desempenhadas pelas relações públicas, no composto de comunicação, dizem respeito à gestão da comunicação corporativa. Trata-se de monitorar a relação da empresa com os seus diversos públicos (*stakeholders*). Isso envolve assessoria de imprensa, gestão de programas de responsabilidade social para com as comunidades, gestão de crises, gestão de eventos institucionais e gestão da comunicação interna.

As relações públicas cuidam fundamentalmente de todos os aspectos que possam interferir na imagem da marca da instituição, a fim de zelar pela sua preservação.

Venda pessoal

A venda pessoal e a propaganda têm um ponto em comum: são meios de comunicação utilizados pelas organizações para se dirigir a seus clientes atuais e futuros, visando informá-los, convencê-los, influenciá-los e educá-los.

Mas a propaganda é uma comunicação de massa, enquanto a venda é uma comunicação individualizada, de pessoa a pessoa. A propaganda atinge um grande número de pessoas bem mais rapidamente do que a venda pessoal.

A propaganda é uma comunicação de sentido único. A organização envia uma mensagem e o cliente é seu único receptor. Já na venda pessoal a comunicação se faz nos dois sentidos: cliente e vendedor ora são emissores, ora receptores.

A propaganda, por sua natureza, leva em conta o conhecimento genérico dos clientes atuais e futuros: não os conhece nem procura conhecê-los individualmente. A venda pessoal torna possível conhecer individualmente os clientes.

Na venda pessoal, a mensagem pode variar conforme o cliente ou mesmo modificar-se durante a visita. Já a mensagem publicitária sofre severas limitações de tempo, espaço e capacidade de atenção dos clientes, sendo portanto muito menos flexível.

Do ponto de vista do custo, a venda pessoal é muito mais onerosa do que a propaganda, especialmente quando se trata de produtos de consumo de massa. Na maioria das organizações, o orçamento relativo à venda pessoal é maior que o de propaganda. Sua importância relativa no composto de comunicação será função de três elementos, a saber: a) o tipo dos produtos oferecidos; b) os clientes que os compram; e c) o tamanho da empresa.

Pode-se dizer que, quanto mais complexo, técnico ou customizado for o produto e serviço, ou quanto mais longo for o seu ciclo de venda, ou quanto mais elevado for o seu valor unitário, maior será a importância da venda pessoal em detrimento da propaganda.

A venda pessoal tem um papel extremamente importante no composto mercadológico: afinal, o vendedor é o melhor meio de comunicação da organização com os clientes, cabendo a ele conquistá-los e mantê-los.

Eis as principais decisões inerentes ao gerenciamentos da equipe de vendas:

- perfil e responsabilidades do vendedor;
- objetivos de vendas por produto, canal e território geográfico;
- plano de remuneração;
- estrutura organizacional de vendas;
- critérios de recrutamento e seleção;
- treinamento da equipe de vendas;
- estabelecimento dos territórios de vendas;
- tamanho da equipe;
- previsões de vendas, cotas e orçamento;
- controle individual dos resultados dos vendedores;
- planejamento do material promocional de apoio às vendas;
- análise das informações fornecidas pelo Sistema de Informações de Marketing (SIM);
- reuniões com os vendedores — ações a empreender.

Serviço de atendimento ao cliente (SAC)

Os vendedores não são os únicos que se relacionam com os clientes. Muitas pessoas de outros departamentos que não o de marketing participam do serviço de atendimento ao cliente (SAC), o qual engloba todas as relações entre a empresa e seus clientes.

No intuito de melhorar o SAC e, conseqüentemente, a satisfação dos clientes, muitas empresas brasileiras vêm procurando analisar os problemas do ponto de vista do cliente e desenvolver ações coordenadas com todas as áreas funcionais envolvidas.

As empresas que perseguem continuamente melhores níveis de satisfação dos clientes surpreendem-se com os resultados obtidos: maior preocupação dos empregados com os clientes (muitas vezes isso significa uma grande mudança de comportamento), maior eficiência, melhor coordenação entre as áreas envolvidas e um prazer maior em trabalhar na organização.

Atualmente os profissionais de marketing estão mais interessados em fortalecer o relacionamento com os clientes atuais do que em conquistar novos clientes, pois sabem que isso é muito mais lucrativo para a organização. Assim, o SAC e outras ferramentas desempenham papel fundamental na comunicação com os clientes.

Exercitando conceitos

1. Considere o produto liquidificador. Caracterize esse produto segundo os níveis básico, real e ampliado.
2. Quais são os tipos de canais de distribuição? Caracterize-os.

ferramentas desempenham papel fundamental na comunicação com os clientes.

Exercitando conceitos

1. Considere o produto panela de teflon. Caracterize esse produto segundo os níveis básico, real e ampliado.
2. Quais são os tipos de canais de distribuição? Caracterize-os.

4 Comportamento do consumidor

Segundo Steven Pinker (1998:546), "o homem não vive só de pão, nem de *know-how*, segurança, filhos ou sexo. As pessoas do mundo inteiro empregam o máximo de tempo que podem em atividades que, na luta para sobreviver e reproduzir-se, parecem sem sentido".

O comportamento das pessoas pode muitas vezes confundir e parecer sem sentido. Mas na origem de um comportamento aparentemente estranho existe toda uma lógica que o explica, se devidamente considerada e analisada. Comportamento é o conjunto das reações que se podem observar num indivíduo, estando este em seu ambiente e em dadas circunstâncias; é o reflexo de sua personalidade, percepção, motivação, atitudes e aprendizagem.

Kotler (2000:30) diz que o marketing "é um processo por meio do qual grupos de pessoas obtêm aquilo de que necessitam e o que desejam com a criação, oferta e livre negociação de produtos e serviços de valor com outros".

Para Drucker (apud Kotler, 1993), o objetivo do marketing é tornar a venda supérflua devido ao conhecimento que se tem do cliente, de tal forma que o produto ou o serviço se adapte a ele e se venda por si só. Segundo essa definição, o conhecimento a respeito do consumidor ou cliente é fundamental. Mas quem é ele? Por que se comporta de diferentes formas em diferentes ocasiões?

O estudo do comportamento do consumidor permite entendê-lo nas suas ações de compra e conhecer o papel do consumo em sua vida. Como ele busca, compra, usa, avalia e descarta os produtos que venham satisfazer suas necessidades. Tal estudo não analisa apenas o que os consumidores compram, mas também por que, quando, onde, como e com que freqüência compram e que significado específico tem para eles aquilo que compraram. É um estudo interdisciplinar, ou seja, baseia-se nos conceitos e teorias desenvolvidos em disciplinas tão diversas como psicologia, sociologia, antropologia e economia.

O comportamento do consumidor tornou-se parte importante do planejamento estratégico de marketing, uma vez que todas as ações táticas aí previstas visam atender as necessidades desse consumidor. Isso fica claro na comédia *Quero ser grande*, estrelada por Tom Hanks e dirigida por Penny Marshall em 1988. No filme, o ator faz o papel de Josh, um garoto de 13 anos que por acidente ganha um corpo adulto, mas continua a se comportar como uma criança. Tendo conseguido emprego como digitador numa fábrica de brinquedos, Josh acabou por chamar a atenção do presidente da organização, que, intrigado com o fascínio despertado no "rapaz" pelos brinquedos, pediu-lhe sua opinião sobre alguns deles. Impressionado com as idéias de Josh, o presidente o promoveu ao cargo de vice-presidente de desenvolvimento de novos produtos.

Numa reunião em que o executivo de pesquisa de marketing da organização estava apresentando os resultados dos testes de um novo produto, um arranha-céu que se transformava num robô, Josh continuou a brincar com o protótipo durante toda a exposição, exatamente como faria um menino de 13 anos. Após demonstrar com dados concretos, fundamentados em pesquisa científica, que o projeto devia ser apoiado, o executivo de marketing foi aplaudido por todos, exceto Josh, que afirma não ver nenhuma graça no brinquedo e sugere, em vez de um prédio que se transforma num robô, um robô que se transforma num inseto. O presidente e os diretores acham a idéia genial.

Por que Josh era um vice-presidente de produtos tão bom? Porque, ao contrário dos demais executivos, ele se identificava totalmente com o consumidor — um menino que realmente brincaria com o brinquedo. Eis a importância do estudo do comportamento do consumidor: saber o que pensa aquele que realmente vai consumir o seu produto.

O consumidor

Pode-se classificar o consumidor em dois tipos: o consumidor final, ou usuário final, e o consumidor organizacional. O primeiro compra bens e serviços para seu próprio uso (xampu, sapato, camisa, livro). O segundo são organizações com ou sem fins lucrativos que precisam comprar produtos, equipamentos e serviços para funcionar. Você verá mais adiante que, mesmo dentro de uma mesma categoria, os papéis de consumo podem variar conforme o produto consumido.

No ambiente de marketing há uma interação de estímulos e respostas. Esses estímulos que incitam o consumidor podem ser representados por ações implementadas através das variáveis de marketing — o produto, o preço, o ponto e a promoção — e por outros fatores que afetam o ambiente, tais como a evolução tecnológica (gerando novos e mais sofisticados produtos), a economia (cujas políticas podem criar novas necessidades), a cultura (capaz de influenciar fortemente o consumo) e os aspectos políticos (a estabilidade política, ou a falta desta, altera o modo de consumo). Tais estímulos agem sobre o consumidor com características culturais, sociais, pessoais e psicológicas que lhe são peculiares. Dependendo do estímulo, o resultado dessa reação pode levar o consumidor a uma decisão de compra. A figura 4 procura sintetizar essas considerações.

Figura 4

PROCESSO ESTÍMULO *VERSUS* RESPOSTA

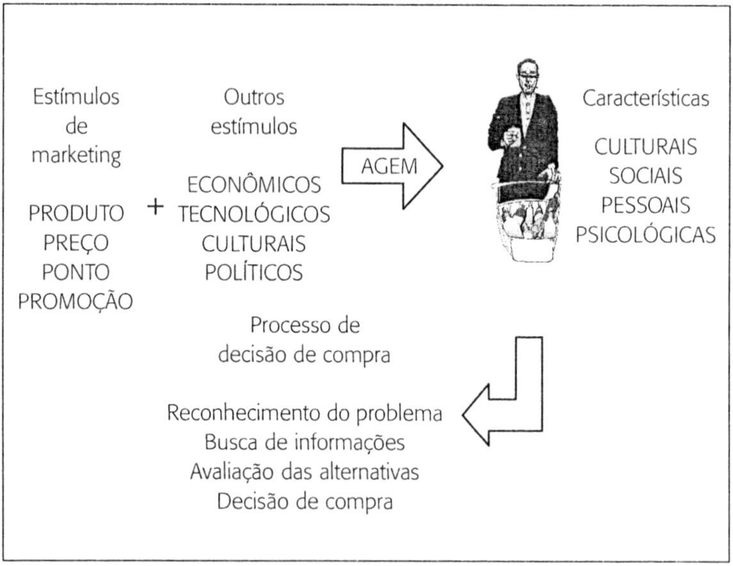

Fatores que influenciam o comportamento

Tais fatores podem ser culturais, sociais e psicológicos. Vejamos cada um deles separadamente.

Fatores culturais

No Rio de Janeiro, a feijoada. No Rio Grande do Sul, churrasco e chimarrão. Arroz com pequi em Goiás. Festas de São João na Paraíba. Carnaval no Rio. Candomblé na Bahia. O que se come, bebe, veste e cultua depende, em grande parte, da cultura de cada um. É uma integração de crenças, valores e costumes assimilados que molda o comportamento de consumo. A cultura existe para satisfazer as necessidades das pessoas em seu meio social, propiciando ordem, direção e orientação nas diversas etapas da solução do problema humano. Crenças, valores e costumes culturais continuam a ser seguidos desde que gerem satisfação. Quando um padrão específico não mais satisfaz aos membros de uma sociedade, ele é modificado a fim de tornar-se mais afinado com as necessidades e desejos atuais.

Segundo Karsaklian (2000), a cultura é o pano de fundo da vida em sociedade, estando necessariamente presente nos diversos aspectos do comportamento do consumidor, bem como nos objetos que são consumidos. Por isso ela atrai a atenção dos profissionais de marketing. Schiffman e Kanuk (2000) observam que, num contexto cultural, quando um produto deixa de ser aceito porque um valor ou costume ao qual o seu uso está relacionado não mais satisfaz as necessidades humanas, então a organização que o fabrica deve rever a continuidade de sua oferta. Os profissionais de marketing precisam estar atentos aos novos valores e costumes adotados.

As corporações também têm sua cultura, que se reflete nos seus valores, rituais e costumes. Os valores da organização O Boticário, por exemplo, são criar e disseminar produtos que expressem sensibilidade, harmonia e beleza; os da Petrobras são fornecer produtos e serviços de qualidade, respeitando o meio ambiente, considerando os interesses dos seus acionistas e contribuindo para o desenvolvimento do país.

Muitos são os exemplos da influência da cultura sobre o comportamento de consumo. O culto ao corpo tem levado mais pessoas às academias de ginástica, ao consumo de complementos alimentares e ao uso de roupas que lhes ressalte a forma física. A maior quantidade de informação, advinda de pesquisas científicas, fez aumentar a preocupação com a saúde e, conseqüentemente, o consumo de produtos naturais e orgânicos, com menos teor de gordura. A vida agitada da sociedade moderna, a maior competitividade, o desejo de padrões de vida melhores, tudo isso leva à formação de famílias menores, nas quais ambos os cônjuges trabalham. Assim, os imóveis são menores, o consumo de produtos de conveniência aumenta, bem como o de serviços como lavanderias, por exemplo.

A Kellogg's fabrica, entre tantos outros produtos, o ChocoKrispis, alimento com base em cereal e sabor de chocolate. Nos EUA, ele é consumido junto com leite. No Brasil, as crianças preferem consumi-lo puro, direto da embalagem. No país de origem, o produto tem gosto mais pronunciado de chocolate devido à forma como é consumido. Se a organização mantivesse aqui a mesma composição do alimento, o forte gosto de chocolate desagradaria às crianças, que não o misturam ao leite. Por isso, no Brasil, adiciona-se baunilha para suavizar o sabor. O estudo sobre o modo de consumo do produto definiu as modificações necessárias para que fosse aceito pelo consumidor.

Além da cultura que caracteriza determinadas sociedades, os profissionais de marketing podem segmentar essas sociedades maiores em subgrupos menores, ou seja, em subculturas. Esse termo não caracteriza uma cultura inferior ou menos importante, mas um segmento da sociedade baseado em variáveis demográficas, como nacionalidade, religião, localização geográfica, raça, idade, sexo e até profissão. A análise das subculturas permite focar ações de marketing para o atendimento de suas necessidades específicas. Por exemplo, em Parintins, no estado do Amazonas, a Coca-Cola não tem a sua tradicional marca apresentada apenas com letras brancas sobre fundo vermelho. Na região, onde todo o ano se realiza o Festival Folclórico de Parintins, dois grupos — Caprichoso e Garantido — competem entre si. O primeiro se caracteriza pela cor azul, e o segundo, pelo vermelho. Um simpatizante do Caprichoso nunca usa a cor vermelha, assim como quem torce pelo Garantido nunca veste azul. Para agradar a ambos, a Coca-Cola tem sua marca estampada nas duas cores.

Além da cultura e das subculturas, também a classe social é importante como fator de comportamento do consumidor. Na história da humanidade sempre existiu alguma forma de estratificação social. O sistema de castas hindu, por exemplo, é milenar. Numa sociedade dividida em classes, os membros de cada classe têm relativamente o mesmo *status*, que pode ser superior ou inferior ao das demais.

Quando se considera o comportamento do consumidor, o *status* é mais freqüentemente definido em termos das variáveis socioeconômicas convenientes. Tais variáveis são utilizadas pelos profissionais de marketing na mensuração das classes sociais. No Brasil, durante anos usaram-se dois critérios de avaliação do potencial de compra dos consumidores, mas em agosto de 1997 o mercado passou a adotar o chamado Critério de Classificação Econômica, o qual foi resultado de estudos feitos por uma equipe da Associação Nacional de Empresas de Pesquisa (Anep) em conjunto com o comitê de pesquisa da Associação Brasileira de Anunciantes (ABA). A figura 5 mostra o critério utilizado no Brasil.

Figura 5

CRITÉRIO DE CLASSIFICAÇÃO ECONÔMICA

Posse de itens

Itens	Não tem	TEM 1	2	3	4 ou +
Televisão em cores	0	2	3	4	5
Rádio	0	1	2	3	4
Banheiro	0	2	3	4	4
Automóvel	0	2	4	5	5
Empregada mensalista	0	2	4	4	4
Aspirador de pó	0	1	1	1	1
Máquina de lavar	0	1	1	1	1
Videocassete	0	2	2	2	2
Geladeira	0	2	2	2	2
Freezer (aparelho independente ou parte da geladeira dúplex)	0	1	1	1	1

Grau de instrução do chefe de família

Analfabeto/Primário incompleto	0
Primário completo/Ginasial incompleto	1
Ginasial completo/Colegial incompleto	2
Colegial completo/Superior incompleto	3
Superior completo	5

Cortes do critério Brasil — Dados LSE/96

Classe	Pontos	Total Brasil (%)
A1	30-34	1
A2	25-29	4
B1	21-24	7
B2	17-20	12
C	11-16	31
D	6-10	33
E	0-5	12

Fonte: Anep.

As classes sociais normalmente obedecem a uma hierarquia. Os membros de uma classe social consideram-se com mais ou menos *status* que os de outras classes. Esse aspecto hierárquico é importante e deve ser levado em conta pelo profissional de marketing, pois os consumidores podem ou não comprar certos produtos conforme a classe a que pertençam. Também os vários estratos de uma classe social dão margem à segmentação do mercado para muitos produtos e serviços. Existem valores, atitudes e padrões comportamentais que podem ser percebidos e explorados numa estratégia de marketing.

Fatores sociais

O homem é um ser social, isto é, demanda convivência em grupos. Esses grupos podem moldar o comportamento de consumo dos indivíduos que os compõem. Quanto mais íntima for a relação entre os membros do grupo, quanto maior a identificação entre eles, maior será a influência desse grupo no comportamento do indivíduo.

Um grupo pode ser definido como duas ou mais pessoas que interagem para atingir objetivos particulares ou comuns. Os grupos podem ser classificados, por exemplo, pelo seu tamanho, por sua finalidade, pelo quadro de membros etc. Os grupos menores são os mais propensos a influenciar o comportamento de consumo de seus membros. São os chamados grupos de referência, que podem ser assim classificados:

- grupos primários — família, amigos, colegas de trabalho, vizinhos;

- grupos secundários — organizações religiosas e de classe, clubes de lazer;
- grupos formais — com estrutura definida para fins específicos (partidos políticos);
- grupos informais — por exemplo, encontros de formandos.

A principal distinção entre os grupos se dá pela importância que lhes atribui o indivíduo e pela freqüência e constância de sua interação com eles. Kotler (2000) sugere mais duas classificações de grupos: os de aspiração e os de dissociação. Os primeiros são aqueles com os quais o indivíduo se identifica ou aos quais deseja pertencer, e os últimos, aqueles cujos valores ou comportamentos o indivíduo rejeita.

O grau de influência de um grupo de referência sobre o comportamento de consumo de um indivíduo depende da natureza do próprio indivíduo, do objeto de consumo e de outros fatores sociais específicos, tais como a informação que ele tem sobre o produto desejado e sua experiência de uso desse produto. Caso esteja bem informado ou já conheça o produto, ele será menos influenciado pelo grupo de referência. Também a notabilidade de um produto, os atributos fortemente associados à sua marca diminuem a influência do grupo de referência.

Para Schiffman e Kanuk (2000), as pessoas avaliam suas atitudes, gerais ou específicas, e seu comportamento associando-os a diferentes grupos de referência, tais como família, amigos, classe social, subculturas específicas, cultura pessoal etc. A figura 6 ilustra os principais grupamentos sociais que influenciam o comportamento de consumo do indivíduo.

Figura 6

GRUPOS DE REFERÊNCIA: GRAUS DE INFLUÊNCIA

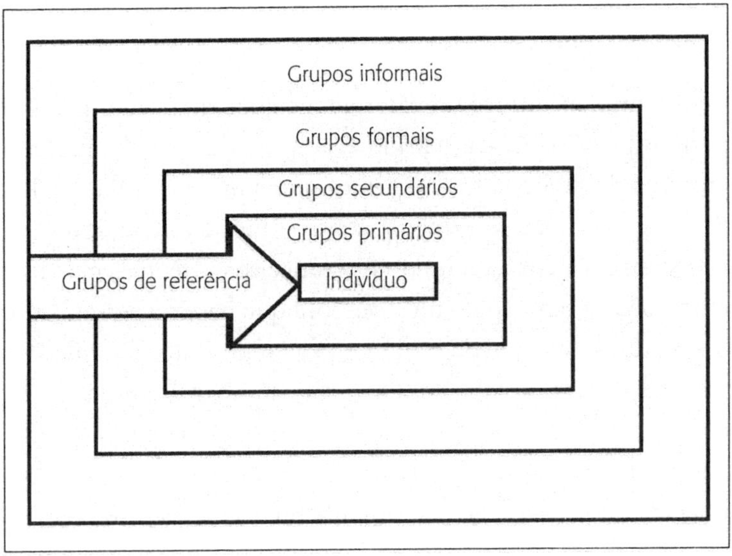

De todos os grupos de referência, a família é o mais importante para o estudo do comportamento do consumidor por ser o principal núcleo de consumo. Nesse grupo, cada membro exerce determinado papel que pode ser alterado, dependendo do produto a ser consumido. Eis os diferentes papéis que podem ser representados pelos membros de uma mesma família:

- iniciador — quem primeiro reconhece uma necessidade não satisfeita;
- influenciador — quem fornece a informação acerca de como satisfazer tal necessidade;
- decisor — quem finalmente escolhe a alternativa para a satisfação da necessidade;

- comprador — quem compra o produto;
- consumidor: o usuário do produto;
- avaliador — quem avalia a capacidade do produto para satisfazer a necessidade.

A mulher resolve preparar para o almoço de domingo um prato especial para seu marido e, ao procurar um dos ingredientes na despensa da casa, verifica que o mesmo está em falta. Pede então ao marido que vá ao supermercado comprá-lo. Já no estabelecimento, o marido fica indeciso entre duas marcas e então pede a opinião de uma senhora que passava ao seu lado. Seguindo o conselho da senhora, pega o produto sugerido, vai até o caixa, paga e volta para casa. Sua mulher fica preocupada com a marca comprada, pois nunca a havia experimentado. Apronta o almoço e todos comem. Felizmente, a marca desconhecida do ingrediente não prejudicou o sabor da comida.

Nessa história podem-se identificar os papéis exercidos por todos. O iniciador da compra foi a mulher. O influenciador foi a senhora que sugeriu ao marido qual marca do ingrediente ele deveria comprar. Quem decidiu a compra e pagou por ela foi o marido. Ambos, marido e mulher, consumiram o produto e o avaliaram. Note-se que o marido exerceu diversos papéis de consumo: decisor, comprador, consumidor e avaliador. Sua mulher foi iniciadora, consumidora e avaliadora. Quando se desenvolve uma estratégia de marketing, é preciso considerar todos esses papéis exercidos pelos membros da mesma família. As decisões sobre as variáveis de marketing devem considerar esses papéis no comportamento de consumo.

Por sua vez, a célula familiar se modifica com o tempo. Sociólogos e pesquisadores do comportamento de consumo adotam o conceito de ciclo de vida da família (CVF), que pode ser usado como um instrumento de marketing para segmentar a vida da família em diversos estágios. Murphy e Staples (Schiffman & Kanuk, 2000) apresentam um esquema do CVF, tal como apresentado na figura 7.

Figura 7

ESQUEMA DO CICLO DE VIDA DA FAMÍLIA

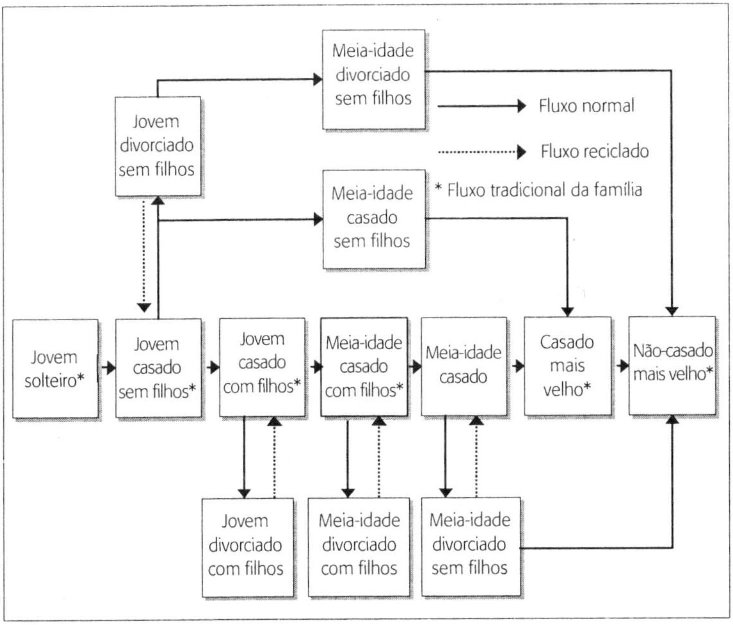

Fonte: Schiffman & Kanuk, 2000.

Os padrões de consumo são moldados de acordo com o CVF. Em cada uma dessas etapas do CVF há uma necessidade específica e, conseqüentemente, um comportamento de consumo distinto.

Outros fatores pessoais devem ser considerados, tais como a ocupação — ou atividade profissional — do consumidor. Profissionais de determinado grupo possuem interesses de consumo comuns, indiretamente relacionados à sua renda. O estilo de vida é também um fator importante para o comportamento de consumo, assim como as características psicológicas, como veremos mais detalhadamente a seguir.

Fatores psicológicos

O comportamento de consumo de uma pessoa pode ser influenciado por fatores psicológicos, tais como motivação, personalidade, percepção, aprendizagem, crenças e atitudes.

Motivação

Quando alguém se esforça muito para obter algo que deseja, diz-se que essa pessoa está motivada, isto é, seu comportamento caracteriza-se por uma forte energia despendida numa ação visando objetivos definidos. Várias teorias procuram explicar as motivações que orientam o comportamento humano, tais como a behaviorista, a cognitivista, a psicanalítica, a de Herzberg e a humanista.

Na visão behaviorista, a motivação tem como ponto central o conceito de impulso. O comportamento é uma função do impulso e do hábito. Os hábitos são criados pela continuidade da resposta ao esforço — uma relação de causa e efeito. Um tabagista acaba de almoçar, pede um café e, logo após, fuma um cigarro. Essas ações transformam-se num hábito, quase um ritual. Ele age instintivamente.

A teoria cognitivista reconhece que o comportamento depende tanto das escolhas conscientes do indivíduo quanto de acontecimentos do meio sobre os quais ele não tem controle e que o influenciam. A motivação depende do modo como a pessoa percebe os fatores de influência. Nem sempre o que é percebido corresponde à realidade. Esse conceito é aplicado nas estratégias de posicionamento e explora o fator psicológico da percepção tratado mais adiante.

A teoria psicanalítica, fundada por Sigmund Freud, sustenta que o comportamento humano é determinado por motivações inconscientes e por impulsos instintivos. A influência dessa abordagem freudiana sobre o marketing é considerável, principalmente por considerar a dimensão simbólica, e não apenas funcional, do consumo. Não se compra um produto somente por sua utilidade, mas também por aquilo que significa, devido à sua forma, cor, nome, etc. Normalmente utilizam-se pesquisas qualitativas para descobrir as motivações mais profundas despertadas por algum produto.

Frederick Herzberg estabeleceu dois tipos de fatores: os que causam insatisfação ("insatisfatores") e os que causam satisfação ("satisfatores"). A ausência de um fator de insatisfação não é suficiente para motivar alguém ao consumo de determinado produto; sua presença afastará o consumidor. Somente elementos que provoquem satisfação estimulam o consumo. Vantagens diferenciais competitivas devem estar presentes como valores agregados ao produto. Essa teoria é mais explorada no marketing de serviços, no qual se procura desenvolver ações que extrapolem as expectativas do cliente. Uma organização aérea que atrase seus vôos será rejeitada pelos consumidores, pois apresenta esse fator de insatisfação. Entretanto, não atrasar os vôos não é condição suficiente para ser a escolhida, pois isso já é esperado pelos passageiros.

Para a teoria humanista, o homem não se limita à sua fisiologia — reações mecânicas e cognitivas a estímulos. O ser humano é motivado pelas necessidades internas e externas que se manifestam fisiológica e psicologicamente. Entre as principais figuras do movimento humanista destaca-se Abraham Maslow.

Maslow diz que as necessidades do ser humano são priorizadas e hierarquizadas. Essa hierarquização obedece a uma escala que passa por níveis, do mais baixo para o mais alto, à medida que o anterior é satisfeito, como mostra a figura 8. Sua teoria é fundamentada em três hipóteses, a saber:

- temos diferentes necessidades que podem ser hierarquizadas segundo sua importância;
- procuramos satisfazer a necessidade que nos pareça mais importante;
- uma vez satisfeita a necessidade mais importante, procuramos satisfazer a necessidade seguinte.

Figura 8

HIERARQUIA DAS NECESSIDADES (MASLOW)

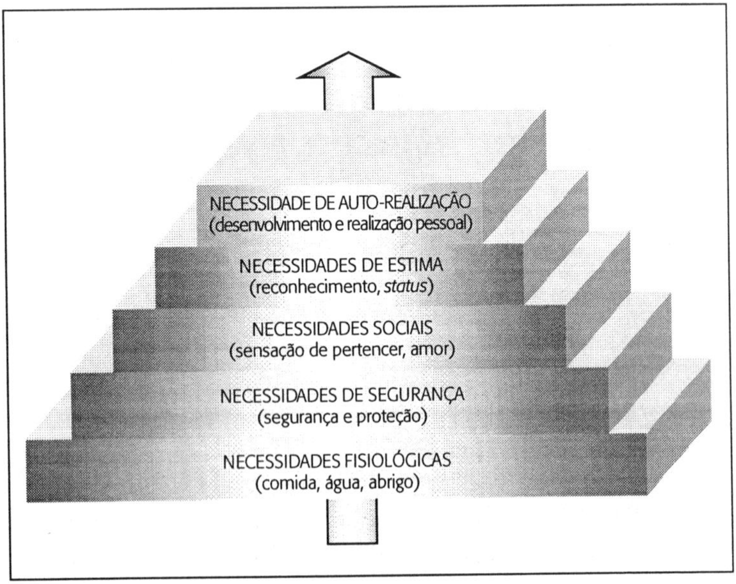

Percepção

As pessoas costumam ver o mundo à sua maneira. Algumas podem presenciar o mesmo evento ao mesmo tempo e relatá-lo diferentemente. Para uma pessoa, a realidade é a percepção que ela tem do que está "lá fora". Age-se e reage-se com base nessas percepções, e não na realidade. Portanto, para uma organização, a percepção do consumidor é de fundamental importância. Não é o que realmente é, mas o que os consumidores pensam que é que influencia suas ações, seus hábitos de compra e assim por diante. O estudo da percepção trata daquilo que o indivíduo inconscientemente adiciona ou subtrai dos dados sensoriais brutos para produzir sua visão particular do mundo.

O consumidor pode ter diferentes percepções em virtude de três processos:

- atenção seletiva — a maioria dos estímulos que um indivíduo recebe é por ele filtrada; depois que engravida, a mulher passa a observar com mais atenção outras que estejam no mesmo estado que ela. Após comprar um veículo, o indivíduo passa a prestar mais atenção nos automóveis da mesma cor que o seu;
- distorção seletiva — é a tendência a interpretar as informações recebidas de maneira que se adaptem a um prejulgamento;
- retenção seletiva — o indivíduo retém a informação que vai ao encontro de suas crenças.

O consumidor julga um produto com base em suas percepções. Estas, por sua vez, se baseiam em sinais intrínsecos e extrínsecos ao produto, tomados em conjunto ou separadamente. Os sinais intrínsecos referem-se às características físicas do produto, tais como embalagem, *design*, tamanho, cor, aroma, sabor — "os melhores perfumes estão nos menores frascos". Os sinais extrínsecos são o preço, a imagem da marca, o país de origem etc. A figura 9 mostra o efeito dos sinais intrínsecos e extrínsecos na percepção de um produto.

Figura 9

MODELO DOS EFEITOS DOS SINAIS NA PERCEPÇÃO DO PRODUTO

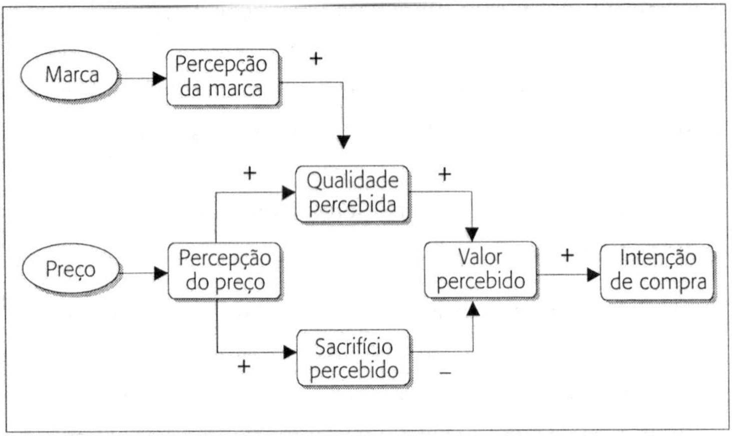

Fonte: Schiffman & Kanuk, 2000.

Aprendizagem

Na língua portuguesa, aprendizagem é o ato de aprender qualquer ofício, arte ou ciência. Na linguagem do marketing, é o processo pelo qual os indivíduos adquirem o conhecimento e a experiência de compra e consumo. Karsaklian (2000) diz que o consumidor, ao familiarizar-se com o produto, passa por etapas sucessivas, assimilando vários de seus aspectos:

- resolução extensiva do problema (REP) — o consumidor depara-se com um novo conceito de produto e não sabe que benefícios pode tirar dele; precisa então assimilar muitas informações para avaliar cada característica, principalmente se o produto apresentar algum risco (físico, social ou financeiro);

- resolução limitada do problema (RLP) — o consumidor se depara com uma marca desconhecida numa categoria de produtos já conhecida; a busca da informação depende da confiança que ele tem em seu próprio julgamento;
- resolução rotineira do problema (RRP) — o consumidor conhece a categoria dos produtos e as principais marcas; suas atitudes serão estáveis e ele não questiona sua capacidade de julgar; nessa etapa, seria necessária uma variação de preço, ou uma promoção interessante, ou mesmo a chegada de um forte concorrente para modificar seus hábitos de compra.

Sheth (2001:297) apresenta quatro mecanismos de aprendizado: o aprendizado cognitivo, o condicionamento clássico, o condicionamento instrumental e a moldagem.

O aprendizado cognitivo se dá na aquisição de informações advindas de comunicação oral ou escrita. A maior parte do aprendizado dá-se dessa forma. Antes de comprar algo, a pessoa lê a respeito, faz perguntas, examina as características do produto. No condicionamento clássico, o indivíduo aprende por associação. Por exemplo, a marca de cigarros Marlboro está associada à masculinidade do caubói americano. Pelo terceiro mecanismo, o condicionamento instrumental, as pessoas aprendem a reagir de determinada maneira quando vislumbram uma compensação. Por exemplo, viajar em determinada companhia porque ela tem um programa de milhagens; abastecer o automóvel em determinado posto por confiar na qualidade do combustível que ali é vendido. Finalmente, na moldagem, as pessoas aprendem observando outras.

Os profissionais de marketing querem que suas mensagens sejam assimiladas, que seus produtos sejam preferidos. Por isso devem preocupar-se com cada aspecto do processo de aprendizagem.

Crenças e atitudes

Crença é a convicção que se tem sobre algo. É aquilo em que se acredita, com ou sem fundamento. Por exemplo, você consumiria um sabonete ou xampu que não fizesse espuma? Provavelmente não, porque ninguém acredita que esses produtos sejam capazes de limpar sem fazer espuma. Entretanto, a espuma não tem essa função. Diz um ditado popular: "o que arde cura, o que aperta segura". Isso porque se acreditava que um remédio utilizado para desinfetar um ferimento deveria arder quando aplicado sobre ele. Se não ardesse, ou o remédio tinha ultrapassado seu prazo de validade e não cumpria mais sua função curativa, ou o ferimento não estava infeccionado. Sabe-se, hoje, que um produto dessa natureza não precisa provocar ardência para desinfetar um ferimento; essa reação é dispensável. A crença mudou.

As crenças dos consumidores devem, pois, ser consideradas numa estratégia de marketing. No desenvolvimento de produtos, no estabelecimento de preços, na determinação dos canais de marketing, na comunicação ou promoção, é preciso levar em conta as crenças — ou conceitos — dos consumidores. As estratégias assim formuladas são, pelo menos a curto prazo, mais eficazes do que as que exigem que os consumidores mudem suas crenças. Num mundo altamente competitivo, onde a rapidez das ações de marketing pode representar a diferença entre o sucesso e o fracasso, tentar mudar uma crença estabelecida pode ser fatal. Não que isso seja impossível, mas o tempo para consegui-lo não compensa.

As atitudes de uma pessoa expressam a sua inclinação favorável ou desfavorável em relação a algum objeto, ou seja, um produto, uma marca, um serviço, uma organização etc. As atitudes são predisposições que se adquirem com base em alguma experiência com o objeto ou alguma informação sobre ele e que condicionam o comportamento.

As atitudes podem servir para prever comportamentos. Por exemplo, se uma pessoa tem uma atitude positiva em relação à preservação do meio ambiente, pode-se supor que ela tem tendência a consumir produtos que não sejam nocivos ao ambiente. Se um cliente tiver atitudes favoráveis ao conceito de um novo produto, provavelmente o comprará quando ele estiver disponível. Assim, os profissionais de marketing podem proceder à mensuração de atitudes antes de lançar novos produtos.

Podem-se identificar três dimensões subjacentes à atitude: o conhecimento (cognição), o sentimento (afeto) e a ação (conação). Quando o consumidor tem uma atitude em relação a um objeto, ela se baseia em algum conhecimento ou crença. Ele também nutre algum sentimento positivo ou negativo e quer agir de determinada maneira em relação a esse objeto, como mostra a figura 10.

Figura 10

Representação dos componentes da atitude

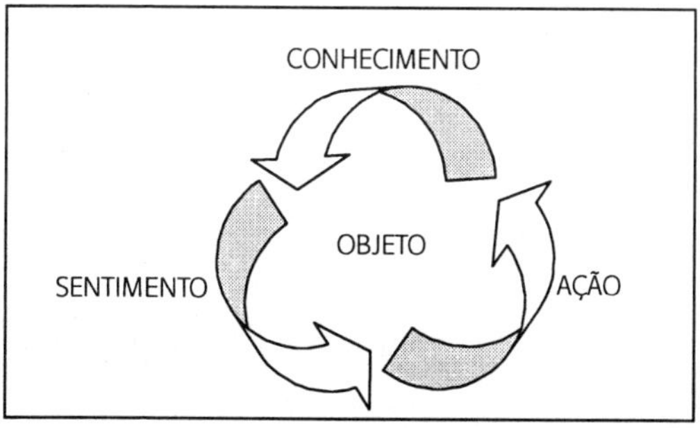

O processo de decisão de compra

As decisões de compra são às vezes tomadas por indivíduos na família ou na corporação, outras vezes por um grupo de pessoas. Nesse processo decisório é importante considerar os papéis desempenhados pelo consumidor, os quais já vimos anteriormente: o iniciador, o decisor, o comprador, o usuário e o avaliador da compra. Um só indivíduo pode combinar esses vários papéis. Quanto mais se combinam os papéis, mais conflitante se torna o processo decisório de compra. Tal processo consiste nos seguintes passos: reconhecimento do problema, busca de informações, avaliação das alternativas e decisão de compra, como se pode ver na figura 11.

Figura 11

ETAPAS DO PROCESSO DE DECISÃO DE COMPRA

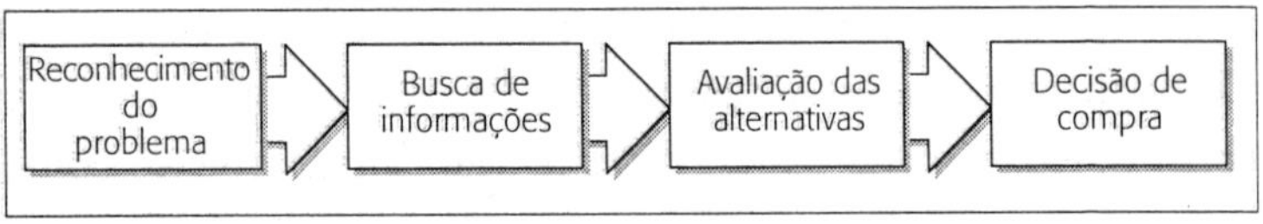

Reconhecimento do problema

O processo decisório tem início quando se reconhece uma necessidade a ser satisfeita. O reconhecimento do problema não indica um real problema físico, mas um estado de privação, desconforto ou falta. É o caso, por exemplo, quando você sente fome no trabalho e procura algo para comer a fim de reduzir o desconforto causado pela fome e poder esperar até a hora do almoço, ou quando você tem uma festa na próxima semana e precisa de uma roupa nova, ou quando seu carro apresenta constantes problemas mecânicos e você constata a necessidade de trocá-lo.

O reconhecimento do problema pode se dar por *estímulos internos* (os estados de desconforto percebidos) — ou por *estímulos externos* (provenientes do ambiente). Sheth (2001) prefere denominá-los *estímulos de problema* e *estímulos de solução*. O estímulo de problema é aquele em que o próprio problema é a fonte de informação, isto é, está dentro do consumidor (fome, sede, desconforto). O estímulo de solução é a informação proveniente de uma solução que leva ao reconhecimento do problema (o lançamento de um computador com gravador de CD que elimina a necessidade de você usar muitos disquetes para gravar seus arquivos). As comunicações de marketing são úteis porque servem como estímulo para o reconhecimento de problemas.

Busca de informações

Uma vez reconhecido o problema, o consumidor busca informações sobre os vários modos de resolvê-lo. Podemos dividir as fontes de informação em três grupos: fontes pessoais, isto é, família, amigos, conhecidos; fontes comerciais, ou seja, propaganda, vendedores, representantes; e fontes experimentais, como exame e uso do produto.

Cada fonte de informação cumpre uma função diferente ao influenciar a decisão de compra. As fontes pessoais desempenham um papel legitimador ou avaliador, enquanto as fontes comerciais exercem uma função informativa. No caso da busca de informações através de fontes experimentais, quanto maior for a experiência anterior, menos informações se buscam, como se pode ver na figura 12.

Figura 12

A INFLUÊNCIA DA EXPERIÊNCIA ANTERIOR NA BUSCA DE INFORMAÇÕES

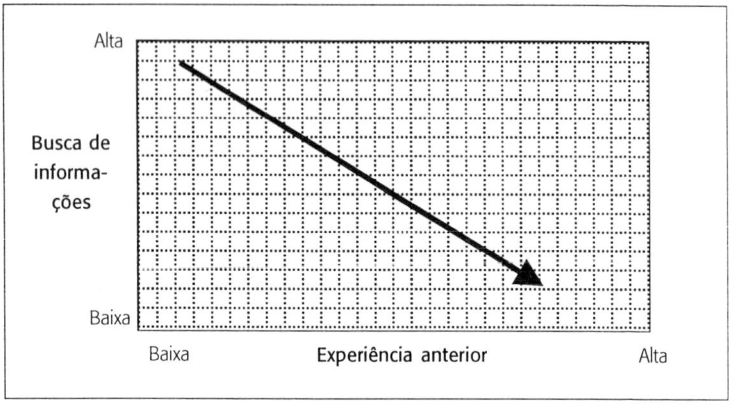

Avaliação das alternativas

Já de posse de todas as informações necessárias sobre os produtos ou serviços que poderão satisfazer suas necessidades, o consumidor avalia as alternativas que se lhe apresentam. Tal avaliação reflete um processo cognitivamente orientado, ou seja, o consumidor mede a relação custo *versus* benefício da possível compra.

Decisão de compra

Após a avaliação das alternativas, o consumidor faz a compra. Pode parecer um passo direto, mas não é. A decisão também é um processo que identifica a escolha pela intenção de compra e pela implementação da compra. Na primeira fase, o consumidor identifica a alternativa preferida com base no processo de avaliação anteriormente considerado. A fase de intenção de compra considera as decisões sobre a marca, o fornecedor, a quantidade, a ocasião e a forma de pagamento da compra. A terceira fase é a consolidação ou efetivação da compra.

Mas o processo decisório não termina com a compra. A experiência de comprar e usar o produto fornecerá informações que serão utilizadas em futuras decisões. A experiência pós-compra inclui quatro passos, como mostra a figura 13.

Figura 13

PASSOS DA FASE PÓS-COMPRA

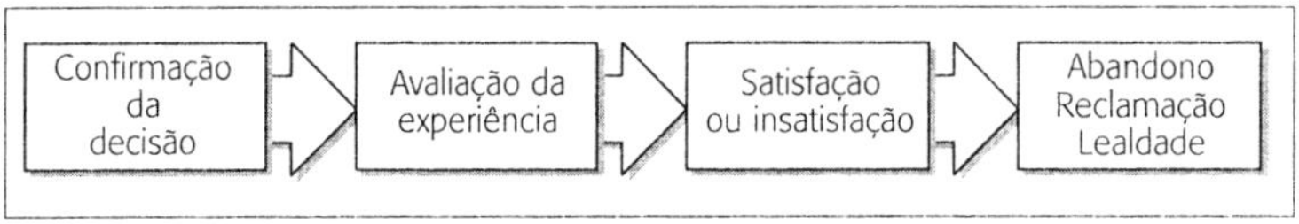

O último passo dessa fase pós-compra é que irá definir o processo de fidelização do cliente. Se não estiver satisfeito com a experiência da compra do produto, o consumidor poderá decidir jamais tornar a comprá-lo. Entretanto, mesmo estando insatisfeito, poderá decidir reclamar e assim dar à marca ou à organização uma nova chance. Mas se estiver satisfeito com a experiência do consumo desse produto, isso poderá levá-lo a comprar a mesma marca repetidas vezes, transformando-se assim num cliente fiel à marca, desejo de toda organização.

Exercitando conceitos

1. Considerando a teoria da hierarquia de necessidades de Maslow, como você classifica a motivação para a compra de um pacote turístico? Justifique.
2. Que relação existe entre a percepção do consumidor e suas crenças e atitudes de compra?

3. Na busca de informações o consumidor recorre a diversas fontes. Qual é a relação existente entre as fontes pessoais e as experimentais?

5 Inteligência de marketing

A inteligência é um processo analítico em constante mutação, que transforma dados em informações e informações em conhecimento, possibilitando modificar capacidades, desempenhos, habilidades e recursos num processo decisório estratégico.

Como vimos, compete ao marketing estabelecer com os clientes uma relação duradoura de troca, oferecendo-lhes soluções capazes de satisfazer necessidades e expectativas. Tais soluções se materializam na forma de produtos e serviços que devem ser entregues ao cliente certo, com o padrão de qualidade adequado, na hora certa e no lugar certo, com maior eficiência e rapidez do que os concorrentes.

A tarefa é aparentemente simples. Mas como satisfazer necessidades sem saber quais são elas e quem as tem? Como entregar tudo certo sem saber o que é certo? Como ser competitivo sem conhecer a atuação da concorrência? Como se proteger das ameaças e descobrir as oportunidades ambientais para delas aproveitar-se?

Encontrar a resposta para essas e outras indagações é um trabalho árduo que requer a criação de um sistema de informações capaz de gerar o conhecimento de que o marketing necessita para desenvolver suas atividades.

Sistema de informações de marketing (SIM)

Um sistema de informações é um conjunto de componentes inter-relacionados, desenvolvido para coletar, organizar, armazenar e processar dados e distribuir as informações daí resultantes, de modo a facilitar o processo decisório.

A finalidade do SIM é possibilitar aos gestores de marketing o diagnóstico e a compreensão de problemas mercadológicos, auxiliando-os nos processos de tomada de decisão para assegurar a sobrevivência da organização num ambiente externo em contínua e célere transformação.

Entrada, processamento e saída são as atividades básicas do SIM. Dados procedentes dos macro e microambientes, assim como do ambiente interno da organização, entram no sistema e são transformados em informações, como mostra a figura 14.

Figura 14

SISTEMA DE INFORMAÇÃO DE MARKETING

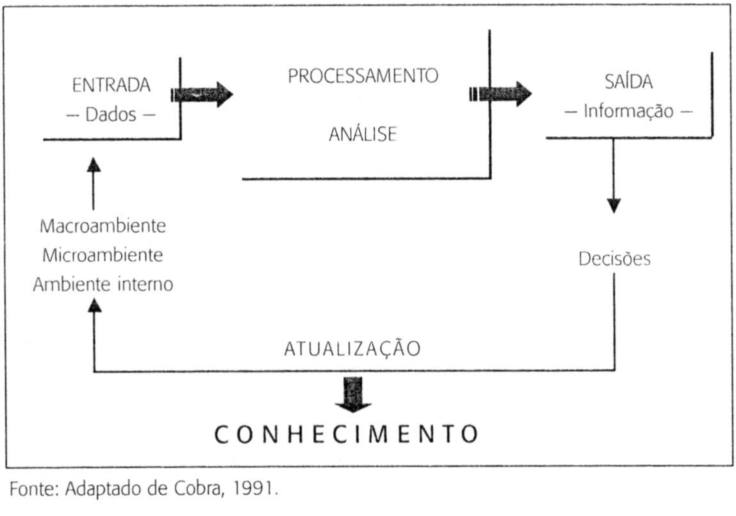

Fonte: Adaptado de Cobra, 1991.

Segundo Levitt (1990:89), "a diferença entre dados e informações é que, enquanto os dados são coletáveis de fatos brutos, as informações representam a organização seletiva e a interpretação imaginativa desses fatos". A origem dos dados primários e secundários é apresentada no quadro 1.

Quadro 1

ORIGEM DOS DADOS

Dados primários	Dados secundários
❑ Exclusivos: sob encomenda, específicos, de posse e uso de quem os levantou ❑ Via pesquisa: levantamento específico e dirigido ❑ Internos/externos ❑ Oficiais/informais	❑ Públicos: acessíveis a qualquer organização ou pessoa ❑ Via jornais, revistas, relatórios, associações, governo, teses, bibliotecas ❑ Internos (reservados)/ externos ❑ Oficiais/informais

Como os dados secundários, já disponíveis na organização e fora dela, são suficientes para embasar muitos dos estudos mercadológicos, a preocupação está em saber as fontes onde localizar tais dados. O quadro 2 apresenta uma relação dessas fontes.

Quadro 2

FONTES DE DADOS SECUNDÁRIOS (NÃO-EXAUSTIVA)

Fontes	Local de origem	Exemplo
Internos	Dados obtidos na organização	Vendas em valor e unidade por região
Publicações	Gerais: jornais, revistas	*Diário Comércio e Indústria* (SP) *Gazeta Mercantil* (SP) *Jornal do Commercio* (RJ, PE) Jornais locais etc. Anuários das indústrias (Editora Pesq. & Ind. Ltda.)

continua

Fontes	Local de origem	Exemplo
		Brasil Financeiro (Editora Banas) *Indústria e Desenvolvimento* (Ciesp) *Máquinas e Metais* (Editora Abril) *Páginas Amarelas* (Editora Guias LTB) *Super-hiper* (Assoc. Bras. Supermercados) *Tendência* (Bloch Editora)
	Governamentais: Fundação Instituto Brasileiro de Geografia e Estatísticas (Fibge)	Censo Demográfico Censo Industrial Censo Predial Censo de Serviços Censo Agropecuário Pnad Pesquisas Domiciliares
Governos	- Banco do Brasil - Banco Central do Brasil - Ministério da Agricultura - Ministério da Saúde - Embratur - Secretaria da Receita Federal - Prefeituras municipais	Evolução da taxa cambial, balança comercial Volume e valor da produção agrícola Quantidade de turistas e valor dos gastos
Instituições não-governamentais	- Fiesp/Ciesp - Anfavea (Associação Nacional dos Fabricantes de Veículos Automotivos) - Sindipeças - Abav (Associação Brasileira de Agências de Viagem) - Dieese - FGV - Fipe Dados do consumidor: dados sobre compras e circunstâncias em que foram realizadas	Quantidade e valor da indústria por setor Volume e destino dos bilhetes emitidos Índices de inflação AC Nielsen do Brasil Ibope (Instituto Brasileiro de Opinião Pública)

continua

Fontes	Local de origem	Exemplo
Serviços padronizados de informações de marketing	Dados do varejo = dados sobre compras e níveis de estoque	Marplan AC Nielsen
	Dados sobre os veículos de comunicação	
	- audiência de rádio e TV	Ibope
	- circulação paga e índices de leitura de jornais e revistas	IVC (Instituto para Verificação da Circulação) AC Nielsen
	- gastos com propaganda	Revista *Meio e Mensagem*

Para atingir os seus fins, o SIM congrega três dimensões que se ajustam mutuamente: pessoas, organização e tecnologia.

Pessoas

Essa dimensão do SIM inclui aspectos como treinamento, atitudes no trabalho, motivação, comprometimento, interface com o usuário e conhecimento dos objetivos a alcançar.

Organização

Envolve aspectos de ordem hierárquica, especializações funcionais, procedimentos organizacionais, cultura organizacional e grupos de interesse político.

Tecnologia

O impacto exercido no marketing pela tecnologia da informação está modificando profundamente o relacionamento da organização com seus clientes, fornecedores e canais de distribuição, na medida em que promove maior interatividade.

O desenvolvimento do Banco de Dados de Marketing tem permitido às organizações conhecer melhor os seus clientes não apenas em termos sociodemográficos (idade, ocupação, sexo, renda etc.), mas também comportamentais (quantidade, freqüência, ocasião, local de compra etc.). Com poderosos *softwares* estatísticos e a alta potência dos microcomputadores, já é possível tratar esses dados secundários e identificar entre os clientes de uma organização diferentes grupos com perfil e comportamento de compra homogêneos. A vantagem para a organização é poder desenvolver ofertas específicas para tais grupos, de acordo com a sua cadeia de valores.

Além de direcionar seus esforços de marketing para um grupo de clientes específicos, a organização pode estabelecer modelos produtivos de comportamento, maximizando assim suas oportunidades e lucros ao longo do tempo.

No entanto, freqüentemente a organização necessita de dados sob medida, especialmente levantados para um determinado fim. São os dados primários, que podem ser obtidos por meio da pesquisa de marketing.

A pesquisa de marketing

Para Kotler (2000), tal pesquisa corresponde à coleta, análise e divulgação sistemáticas de dados relevantes sobre uma situação específica de marketing enfrentada pela organização.

Segundo Mattar (1993:45), eis como a American Marketing Association define a pesquisa de marketing:

> *é a função que liga o consumidor, o cliente e o público ao marketing através da informação — informação usada para identificar e definir as oportunidades e problemas de marketing; gerar, refinar e avaliar a ação de marketing; monitorar o desempenho do marketing; e aperfeiçoar o entendimento de marketing como um processo. A pesquisa de marketing especifica a informação necessária destinada a estes fins; projeta o método para coletar informações; gerencia e implementa o processo de coleta de dados; analisa os resultados e comunica os achados e suas implicações.*

Algumas dessas organizações, especialmente as de grande porte, têm seu próprio departamento de pesquisa subordinado à diretoria de marketing, mas também costumam recorrer a fornecedores externos, tais como os institutos de pesquisa. Cabe aos gerentes de marketing selecionar a contribuição desses institutos e definir claramente os objetivos da pesquisa, coordenando todas as suas etapas.

Compete aos institutos desenvolver o projeto de pesquisa, coletar e analisar os dados, e submeter os resultados ao departamento de marketing.

Normalmente, essas pesquisas orientam as decisões mercadológicas no que tange ao desenvolvimento de novos produtos e às modificações no elenco dos produtos existentes, além de embasar estudos sobre segmentação de mercado. Podem igualmente antecipar mudanças no mercado consumidor e no setor econômico em que o produto está inserido, ou mesmo fornecer informações valiosas para reduzir os custos do produto.

É muito importante que o profissional de marketing acompanhe todo o andamento da pesquisa nos institutos, orientando e corrigindo o rumo sempre que necessário, e controlando o tempo de execução e o custo de cada projeto.

O processo de pesquisa

O profissional de marketing faz pesquisas para minimizar os riscos envolvidos nos processos decisórios, quando ele não dispõe de informações suficientes para esclarecer certas questões. No marketing, geralmente as respostas para essas questões estão com os elementos que compõem os mercados consumidor, organizacional, distribuidor e governamental, isto é, os clientes.

Um projeto de pesquisa tem início com uma solicitação formal em que o cliente (solicitante) resume o problema existente e especifica o alvo da pesquisa, suas dimensões temporais e geográficas, bem como o prazo para a entrega dos resultados e o grau de exatidão desejado.

Quando se quer saber algo sobre um determinado público, há dois recursos possíveis. Um deles é obter dados sobre cada um dos elementos que compõem o público visado, o chamado universo de pesquisa. É o caso do censo. Mas por uma questão de tempo, custo e praticidade, já que os universos de marketing costumam ser muito grandes, utiliza-se um segundo recurso: extrai-se uma parcela do universo, denominada amostra, cujos dados são coletados e analisados para gerar as informações desejadas. Todo esse procedimento, porém, baseia-se em rigorosos critérios estatísticos e operacionais. A figura 15 ilustra a lógica do processo.

Figura 15

O PROCESSO DE PESQUISA

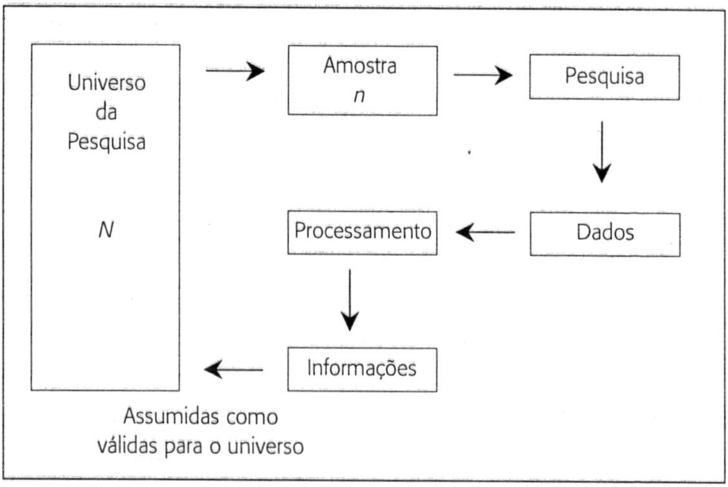

Fonte: Mattar, 1993.

Fases da pesquisa

A elaboração e a implementação de um projeto de pesquisa compreendem algumas etapas, cada uma das quais deve ser cumprida com o rigor necessário. Se em qualquer dessas etapas houver incorreções, o resultado ficará comprometido, donde a necessidade de um acompanhamento regular do solicitante da pesquisa durante a implementação do projeto pelo instituto contratado. As etapas seguem uma ordem lógica de elaboração. São elas:

- definição do problema mercadológico;
- definição dos objetivos da pesquisa;
- definição da metodologia da pesquisa;
- organização e treinamento da equipe;
- coleta dos dados (campo da pesquisa);
- tratamento e análise dos dados coletados;
- conclusões e relatório final.

Tipos de pesquisa

Dependendo do tipo de pesquisa a ser aplicado, utilizam-se procedimentos metodológicos diferentes numa abordagem qualitativa ou quantitativa.

A abordagem qualitativa é não-probabilística (não-estatística), trabalha com amostras pequenas e permite conhecer mais a fundo as motivações, conceitos, percepções, imagens e mudanças de valores ou atitudes dos indivíduos em relação ao problema em estudo. Não permite tirar conclusões para o universo.

A abordagem quantitativa é probabilística (estatística) e destina-se a mensurar características, usando distribuições percentuais ou o grau de avaliação dessas características. Por exemplo, a percentagem de mulheres que atribuíram nota 4 à consistência de um biscoito.

Várias classificações têm sido adotadas por diferentes autores. Aqui será usada a seguinte classificação: exploratória, descritiva e de experimentação, como se vê a seguir.

Pesquisas exploratórias

Servem para levantar hipóteses e descobrir características ainda ignoradas, como por exemplo a percepção que o público tem de um novo produto, ou a imagem que faz de uma determinada marca.

Pesquisas descritivas

São utilizadas para descrever hábitos de compra e de uso de produtos e serviços. Por exemplo, local de compra do xampu preferido pelas mulheres. Servem também para indicar a probabilidade de diferentes causas explicarem um fato (o efeito). Por exemplo: que peso têm o preço, a mudança na embalagem e a comunicação, entre outras causas, na queda das vendas?

Pesquisas de experimentação

Implicam a utilização do produto ou do serviço pelo entrevistado. São muito usadas para testar a aceitação de novos produtos e embalagens ou de alterações nos componentes (fórmula) dos produtos existentes.

Nas pesquisas exploratórias adota-se a abordagem qualitativa. Já nas pesquisas descritivas e de experimentação em geral utiliza-se a abordagem quantitativa, mas em certos casos a abordagem qualitativa precede a quantitativa.

Metodologia da pesquisa

A descrição do problema mercadológico e os objetivos da pesquisa é que orientam a metodologia. A partir daí se definem o universo, o alvo (pessoa a ser entrevistada), o tipo e a abordagem da pesquisa, bem como a amostragem, o questionário e o tipo de entrevista.

O universo

A função da pesquisa é descobrir fatos e fazer estimativas sobre os parâmetros do universo. Logo, se este não for muito bem definido e caracterizado, não se saberá a quem se referem os resultados da pesquisa. Os dados secundários são úteis nessa tarefa.

Denomina-se universo qualquer conjunto finito ou infinito de indivíduos com uma característica comum.

Se tomarmos um bolo como universo, qualquer fatia de qualquer parte do bolo é suficiente para avaliar se ele é gostoso. Isso porque os ingredientes foram misturados, transformando-se numa massa homogênea. Mas nem todo universo é homogêneo.

Imaginemos como universo um caminhão carregado de frutas variadas, as mais leves e tenras sobre as mais pesadas e duras. Embora o carregamento seja apenas de frutas (característica comum), se daí retirarmos algumas delas, talvez obtenhamos somente maçãs. Isso nos levaria à conclusão equivocada de que a carga é toda de maçãs.

A amostragem

Uma vez definido um universo, qualquer parcela de indivíduos retirada desse universo é chamada de amostra.

A amostra deve funcionar como um retrato do universo e para tanto cabem duas considerações: quantas pessoas devem ser entrevistadas (tamanho da amostra) e como selecionar cada uma delas.

A exatidão estatística dos resultados de um levantamento de dados depende do tamanho da amostra. O grau de exatidão deve ser desde logo estabelecido na solicitação da pesquisa, em função do risco envolvido na decisão a ser tomada. A margem de erro aumenta à medida que o tamanho da amostra diminui.

Segundo Breen e Blankenship (1991), estabelecer a necessidade de exatidão estatística é lidar com probabilidades. Pode-se afirmar que os resultados do estudo serão exatos (representarão o universo do qual a amostra foi retirada) dentro de limites estabelecidos, tais como 3%, 5%, 10% ou o que seja. Os limites especificam a margem de erro. Quanto mais estreitos, maior o tamanho da amostra.

A seleção dos indivíduos componentes da amostra deve garantir que as características e propriedades do universo possam ser descritas e estudadas (estimadas) a partir dessa amostra.

Voltando aos exemplos do bolo e das frutas, percebe-se que para o primeiro basta selecionar ao acaso qualquer pedaço. Mas no caso das frutas o procedimento não pode ser igual. É necessário conhecer as partes que compõem o universo (a carga de frutas), de modo a configurar a amostra com indivíduos procedentes de cada uma das partes, considerando a importância relativa (proporções) que cada parte assume no todo. A isso se chama amostragem estratificada.

Além da estratificação, existem outras formas de selecionar os elementos da amostra. Porém, aprofundar tal tema foge ao escopo deste livro.

A entrevista

Coletam-se os dados por meio de entrevista, que pode ser feita pessoalmente ou através do telefone, da Internet ou mesmo do correio. Cada um desses meios tem vantagens e desvantagens, devendo-se escolher aquele que melhor se ajuste ao caso em estudo. A Internet, por exemplo, não é um bom meio, se o objetivo for medir a preferência por marcas de molho de tomate. No Brasil, muitos consumidores, por não terem acesso à Internet, ficariam fora da amostra, mesmo fazendo parte do universo.

Antes da coleta dos dados, deve-se organizar e treinar a equipe de entrevistadores. Durante a coleta, os trabalhos de campo são fiscalizados e controlados pelo instituto e devem ser acompanhados pelo solicitante da pesquisa.

Tratamento e análise dos dados

Uma vez colhidos em campo, os dados passam por um processo de validação e em seguida são organizados e analisados, de modo a gerar informações que venham a esclarecer as indagações e dúvidas mercadológicas que deram origem à pesquisa.

A escolha dos fornecedores de pesquisa

Eis alguns cuidados que se devem tomar quando da contratação de um instituto de pesquisa:

- promover uma concorrência enviando a mesma solicitação a vários institutos;
- estabelecer critérios para comparação das propostas (interpretação da solicitação), adequação da metodologia, perfil do instituto, preços, condições de pagamento e prazo de realização;
- não escolher um instituto que tenha um concorrente entre os clientes de sua organização;
- negociar o pagamento vinculado ao cumprimento de etapas;

- desconfiar de orçamentos excessivamente baixos;
- exigir o cumprimento do código de ética da Associação Nacional das Empresas de Pesquisa (Anep);
- romper o contrato em caso de fraude.

Um caso de pesquisa

Há muitos anos no mercado, organização do ramo de higiene e limpeza tem sua linha de sabonetes voltada para as classes C e D, contabilizando uma história de sucesso. Recentemente, no intuito de completar sua linha, ampliar sua presença no mercado e aumentar seu faturamento, lançou um sabonete focado nas classes A e B.

O planejamento contemplou quase todos os componentes do *marketing mix*. Análises prévias orientaram a definição do produto, do preço e da distribuição. Por ocasião do lançamento e durante todo o ano, confiando no poder da marca institucional, o gerente optou por sustentar o lançamento com uma única campanha publicitária, que consistiu numa seqüência de três filmes veiculados no horário nobre da Globo, durante três meses, e nada mais. Além disso, cuidou apenas de manter sob controle a distribuição do produto, o que foi feito com sucesso.

Um ano se passou e as vendas, em Belo Horizonte, não corresponderam às expectativas. Novas análises indicaram que o preço e a distribuição estavam adequados ao mercado.

O gerente entendeu que o problema residia ou na comunicação ou no produto. Se fosse na comunicação, não sabia como devia orientar os recursos: se para propaganda ou para promoção. Dadas a urgência em decidir onde agir e a pequena verba existente, resolveu contratar uma pesquisa para identificar a causa do insucesso nas vendas — produto, propaganda ou promoção. Para tanto foi necessário:

- medir a proporção de clientes que conheciam o produto;
- medir a proporção de clientes que já haviam experimentado o produto;
- medir a proporção de clientes que continuaram usando o produto após tê-lo experimentado.

Assim, o instituto de pesquisa indicou a seguinte metodologia de pesquisa:

- público-alvo da pesquisa (universo) — donas-de-casa das classes A e B de Belo Horizonte, que foram também os sujeitos da pesquisa;
- tipo de estudo — quantitativo descritivo;
- amostragem — amostra constituída por 200 donas-de-casa para garantir um erro de ± 7%, estratificada pela concentração de domicílios nos bairros de Belo Horizonte;
- entrevista estruturada — pessoal, no domicílio e pré-testada.

Roteiro da entrevista

Além de uma breve apresentação e perguntas de caracterização da respondente (idade, sexo, bairro onde reside), fizeram-se três perguntas básicas:

a) Que marcas de sabonete você conhece, mesmo que nunca tenha usado? Resposta espontânea.

   Marca A ☐
   Marca B ☐
   Marca C ☐
   Outras ☐
   Nenhuma ☐
   Não lembra ☐

b) Quais dessas marcas você usou, pelo menos uma vez? Resposta espontânea.

Marca A ☐
Marca B ☐
Marca C ☐
Outras ☐
Nenhuma ☐
Não lembra ☐

c) Quais delas você continua usando? Resposta espontânea.

Marca A ☐
Marca B ☐
Marca C ☐
Outras ☐
Nenhuma ☐
Não lembra ☐

Tabulação

Os dados, depois de compilados e organizados, foram assim resumidos, sendo a marca B de propriedade da organização em questão.

	Marca A	Marca B	Marca C
% de conhecimento	92	68	81
% de prova	70	22	56
% de repetição da compra	42	19	30

Análise

É preciso pelo menos saber da existência de algo para que se possa ter algum interesse. Só experimentando pode-se aceitar ou rejeitar alguma coisa. A partir daí avaliou-se a relação existente entre prova e conhecimento, bem como entre repetição da compra e prova, e calculou-se a taxa dessas relações, obtendo-se os seguintes resultados:

	Taxas (%)		
	Marca A	Marca B	Marca C
Prova/conhecimento	76	32	69
Repetição da compra/prova	60	86	54

Observa-se que a marca B é a que tem o melhor produto em relação às outras marcas avaliadas: taxas de 86 para a marca B, contra 60 e 54 para as marcas A e C, respectivamente. De cada 100 donas-de-casa que usaram o produto, 86 continuaram a comprá-lo. No entanto, é a marca menos conhecida e experimentada.

Conclusão

O gerente deve focar prioritariamente a promoção, mediante distribuição de amostras grátis, por exemplo. Isso porque, embora com um baixo nível de conhecimento (68%), existe um conhecimento inativo (68% – 22% = 46%), que representa um investimento a ser recuperado e transformado em prova. Como o produto não é procurado espontaneamente para um primeiro uso, cabe à organização quebrar tal inércia. Só depois, numa segunda ação, deverá cuidar-se da propaganda para aumentar o conhecimento, já que os recursos são escassos.

Exercitando conceitos

1. O que você entende por sistema de informação de marketing?
2. Que cuidados deve ter o profissional de marketing quando contrata um instituto de pesquisa?
3. Quais são as etapas de um projeto de pesquisa?

6

Segmentação de mercado

Como você viu no capítulo anterior, os clientes são pessoas que fazem parte de uma sociedade com determinada organização política, econômica e cultural, e que acumulam experiências ao longo da vida; têm perfil e personalidade diferentes, uma forma própria de interpretar a realidade à sua volta, combinando razão, sentimentos e emoções em suas atitudes e decisões. Mas todas elas buscam sempre satisfazer suas necessidades e desejos.

Do ponto de vista das organizações, a pergunta a ser feita é: como conseguir conquistar, satisfazer e manter tantos e tão diferentes clientes? Que ofertas possibilitarão dar conta dessa tarefa com maior eficiência e rapidez que os concorrentes?

De fato, é difícil conseguir satisfazer igualmente a tantos clientes com uma única oferta. Afinal, não se pode ser tudo para todos. Ao tentar atender a todos, indistintamente, acaba-se por fazê-lo mal. É melhor dividir, segmentar, para melhor atender.

Por que segmentar?

Costumava-se definir mercado como o espaço físico onde vendedores e compradores encontravam-se para trocar bens e serviços. Outra definição diz que mercado é um grupo de vendedores e compradores que fazem transações com qualquer coisa de valor, como dinheiro, mercadorias, habilidades, idéias. Da mesma forma, o mercado pode também ser classificado de várias maneiras. Rocha e Christensen (1999) falam em mercado existente e mercado potencial, cada qual com várias possibilidades de cobertura geográfica.

O mercado existente caracteriza-se por produtos e serviços que atendem a necessidades percebidas por clientes que dispõem de recursos para os adquirir.

O mercado potencial caracteriza-se pela existência de uma dessas condições: produtos e serviços ou clientes e disponibilidade de recursos.

Como se vê, várias são as definições e classificações, mas cabe destacar que os mercados modernos apresentam características marcantes e relevantes que não podem passar despercebidas. São elas:

- pluralidade dos clientes — eles são muitos, com diferentes necessidades, desejos e atitudes;
- singularidade dos clientes — cada qual espera um tratamento único, que atenda às suas crescentes exigências;
- profusão de ofertas — a quantidade e variedade de produtos e serviços disponíveis, com padrão de qualidade cada vez mais homogêneo.

A segmentação de mercado é o meio utilizado pelo marketing para dividir o mercado em diferentes grupos formados por clientes com necessidades, desejos e atitudes similares. Assim, o mercado total é segmentado em grupos relativamente homogêneos porém bastante distintos entre si. A figura 16 mostra segmentos identificados com base em dois fatores previamente estudados e definidos.

Figura 16

AGRUPAMENTO DE CLIENTES NO ESPAÇO BIFATORIAL

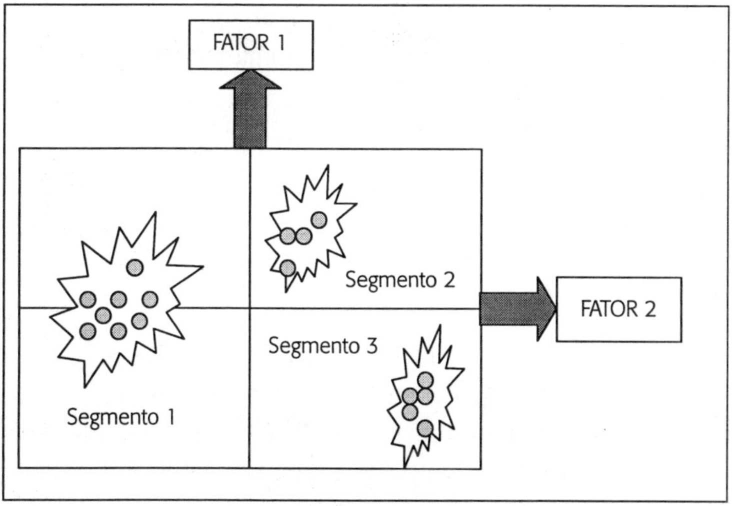

Supondo que o fator 1 represente o cargo ocupado pelas pessoas e que o fator 2 represente a idade dessas pessoas, temos os seguintes segmentos:

- segmento 1 — jovens profissionais do médio escalão ocupando cargos que vão de supervisor a chefe de equipe;
- segmento 2 — profissionais maduros, experientes, com cargos de destaque;
- segmento 3 — profissionais mais velhos, próximos da aposentadoria, formando o cume da pirâmide hierárquica.

O segmento 1 poderia ensejar uma nova divisão, originando outros dois que viriam a configurar o nicho de jovens chefias e o nicho de promessas de jovens chefias.

Acontece que na maioria dos casos existem muitos fatores em função dos quais se podem agrupar os clientes. É preciso não apenas identificar tais fatores, mas selecionar aqueles que possibilitem maior diferenciação entre os clientes, o que pode ser feito por meio de pesquisas e análises estatísticas, como a análise de agrupamentos, com o apoio de softwares competentes e não-dispendiosos, como o Programa Estatístico para Ciências Sociais (SPSS).

Exigências para a segmentação

Para ser eficaz, a segmentação deve atender a algumas premissas.

- O segmento deve ser identificável. É preciso reconhecer os clientes em função de fatores predeterminados, capazes de melhor explicar suas diversidades. Por exemplo, diferentes grupos etários ou ocupacionais que tenham para com o mesmo produto (computador) um comportamento de compra e de uso distintos, em função da idade ou da atividade profissional. A seleção dos fatores mais relevantes será conseqüência da análise da extensão e profundidade das várias formas de comportamento dos clientes.
- O segmento deve ser mensurável e rentável. Se os clientes não puderem ser quantificados em função dos fatores selecionados, não será possível estimar o tamanho do segmento nem seu valor como mercado-alvo, tampouco a importância relativa de cada segmento. A mensuração permite uma escolha criteriosa e potencialmente rentável que justifique o desenvolvimento de uma estratégia de marketing.

- O segmento deve ser acessível. Ao eleger um ou mais segmentos, a organização estará assumindo o compromisso de atendê-los. Logo, tornam-se relevantes a quantidade de segmentos e a capacidade da organização de ajustar-se, seja para viabilizar suas ofertas, seja para comunicar-se com os segmentos eleitos.

Identificando o segmento você poderá medi-lo e discernir se terá condição de atendê-lo para então avaliar o retorno do investimento.

Como se vê, é importante estudar os fatores discriminantes, assim como as possibilidades de aprofundar cada segmento formando conglomerados menores: os nichos.

Bases para a segmentação

Afinal, que fatores são esses, tantas vezes mencionados, que são a base para a segmentação? Que critérios utilizar para reunir clientes com necessidades comuns? Hooley, Sauders e Piercy (2001) sugerem a seguinte classificação: fatores de características dos clientes, fatores de atitudes dos clientes e fatores de comportamento do cliente.

Características dos clientes

Alguns fatores referem-se a características específicas dos clientes e não se alteram quando relacionados ao seu comportamento num mercado específico. Por exemplo, uma pessoa não muda de sexo por estar num dado momento comprando um carro, noutro indo ao teatro e noutro comprando um sabonete.

Esses fatores expressam aspectos geodemográficos, socioeconômicos e culturais do indivíduo que transcendem a esfera do comportamento de compra. A indústria de jogos domésticos, por exemplo, costuma direcionar seus produtos lúdicos e educativos de acordo com a idade do usuário.

Alguns fatores, como a idade no exemplo mencionado, emergem como fatores naturais. Mas se em alguns mercados eles permitem discriminar entre prováveis e improváveis usuários de uma categoria de produtos, dificilmente conseguem explicar a escolha da marca.

Atitudes do cliente

Os fatores atitudinais refletem o vínculo de causa e efeito entre as características dos clientes e seu comportamento de compra. Por essa razão aproximam-se muito dos motivos básicos de preferência pelo produto e pelas marcas oferecidas.

A Sadia, tradicional produtora de suínos, frangos e perus, expandiu seus negócios oferecendo pratos prontos congelados e conquistou a liderança no setor. Ela segmentou o mercado associando os benefícios do produto às características ciclo de vida, estilo de vida e personalidade dos clientes. Hoje, ela produz mais de 30 pratos para atender a segmentos de clientes em diferentes estágios de vida e ocupação que buscam conforto, facilidade, rapidez de uso e praticidade.

Esse tipo de segmentação exige pesquisa primária e técnicas sofisticadas, como análise fatorial, análise discriminante, análise de *cluster*, regressões múltiplas, entre outras, geralmente dispendiosas.

Comportamento do cliente

Os fatores comportamentais referem-se aos hábitos de consumo, à comunicação e às reações aos componentes do *mix* de marketing. Dizem respeito, por exemplo, aos papéis assumidos na compra do produto, ao momento e à ocasião da compra, à freqüência de compra, à fidelidade e à marca.

A Volkswagen costuma dividir seus clientes em dois grandes segmentos: os compradores iniciais e os de substituição. Estes últimos ela os subdivide em substituidores fiéis aos modelos, substituidores fiéis à organização e substituidores de outras marcas. A Volkswagen usa essa segmentação para monitorar desempenho e tendência de mercado e para prever vendas.

O quadro 3 apresenta, sinteticamente, os fatores discriminantes que se podem usar na segmentação, organizados segundo a classificação mencionada e a finalidade a que se prestam.

Quadro 3

Bases de segmentação

Classes	Base de segmentação	Exemplos de segmentos
CARACTERÍSTICAS DO CLIENTE	**Geográfica**	
	- Região	Sul, Sudeste, Nordeste
	- Tamanho da cidade	Até 50 mil habitantes, entre 100 mil e 500 mil habitantes, mais de 1 milhão de habitantes
	- Área	Urbana, rural
	Sociodemográfica	
	- Idade	Menos de 5 anos, de 23 a 39, mais de 60 anos
	- Estágio no ciclo de vida familiar	Recém-casado, jovens casais com filho, casais maduros sem filhos para criar
	- Sexo	Masculino, feminino
	- Rendimento familiar mensal	Menos de 3 salários mínimos, entre 10 e 15 salários mínimos, mais de 30 salários mínimos
	- Ocupação	Empresários, técnicos, estudantes, donas-de-casa, aposentados, desempregados
	- Nível de instrução	Ensino fundamental ou menos, nível médio, nível superior

continua

Classes	Base de segmentação	Exemplos de segmentos
	- Religião - Etnia - Geração - Origem	Católica, protestante, evangélica, muçulmana Branca, negra, parda Anos dourados, geração cara-pintada Alemã, italiana, japonesa
ATITUDES DO CLIENTE	**Psicográfica** - Estilo de vida - Personalidade	 Esportivos, sociáveis, sofisticados Compulsivos, ambiciosos, tímidos
COMPORTAMENTAL	**Comportamento de compra** - Ocasiões - Benefícios - *Status* do usuário - Grau de utilização - Fidelidade - Estágio de conscientização - Atitude com relação ao produto	 Comum, especial Conforto, praticidade, estética Não-cliente, ex-cliente, cliente antigo Usuário freqüente, usuário médio, usuário eventual Nenhuma, média, absoluta Desconhecedor, interessado, desejoso Hostil, indiferente, positiva

No entanto, não é suficiente reunir pessoas em grupos distintos em função de apenas um ou dois fatores discriminantes. O mais conveniente é a mescla de fatores das diferentes classes para que se possa refinar as semelhanças dentro de cada grupo. O refinamento pode levar a subdivisões dos grupos ensejando nichos mais consistentes, como mostra a figura 17.

Seleção dos segmentos

Uma vez identificados os segmentos e cumpridas as demais exigências, a organização deve decidir com quais deles irá trabalhar. Para tanto deverá considerar o potencial de venda, o potencial de crescimento, a intensidade competitiva e a provável lucratividade de cada um. Feitas tais considerações, a organização estará pronta para decidir de que forma atuar. Ela poderá optar entre as seguintes estratégias:

Figura 17

PREFERÊNCIA POR TIPO DE MOLHO DE TOMATE

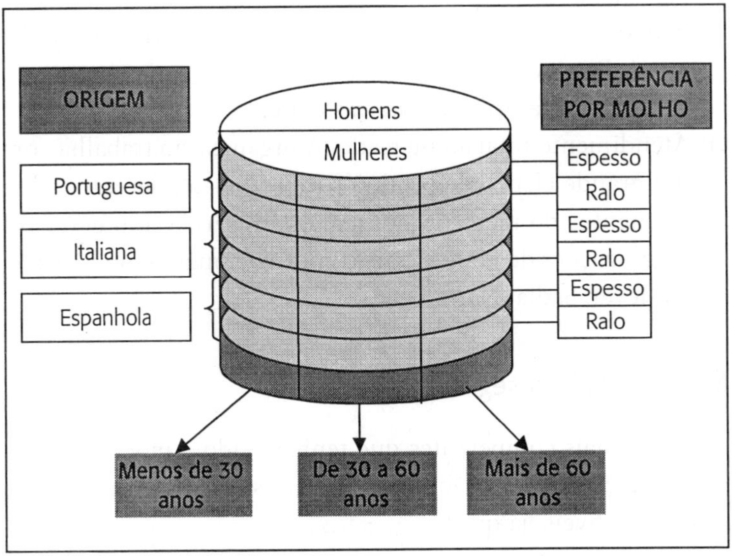

- Especializar-se no produto. A organização concentra-se apenas num produto. Por exemplo, na fabricação de sofás de vários materiais, tamanhos, cores e formas, para atender tanto a clientes residenciais quanto de escritórios ou de hotelaria.
- Especializar-se no mercado. A organização procura atender a várias necessidades de um mesmo mercado. É o caso de um fabricante de lençóis, colchas, cobertores, toalhas de mesa e de banho. A organização oferece soluções completas de cama, mesa e banho ao mercado residencial.
- Concentrar-se em apenas um segmento. Uma construtora pode especializar-se em atender à procura por pequenos apartamentos, do tipo sala e quarto. Nesse caso, às vantagens inerentes ao processo de produção e à distribuição contrapõem-se a vulnerabilidade aos novos entrantes no mercado, as instabilidades político-econômicas que possam afetar o

setor e também a alteração nos hábitos de compra com perda de interesse pelo produto.

- Especializar-se seletivamente, combinando alguns produtos para os quais a organização escolhe alguns segmentos onde atuar. Por exemplo, uma clínica médica para tratamento cardiorrespiratório de crianças e idosos.
- Atendimento total ao mercado. A organização trabalha com um grande elenco de produtos capaz de atender a todos os segmentos do mercado no qual está inserida. Em geral são organizações de grande porte, multinacionais, como Nestlé, Unilever, Sadia, Natura etc.

Monitoração da segmentação

Por mais competentes que tenham sido a modelagem da segmentação e a seleção dos segmentos, certos cuidados são imprescindíveis, já que:

- o tempo passa e os clientes mudam, quebrando assim a tendência anteriormente configurada de continuidade do segmento;
- uma boa modelagem e implementação da segmentação acabam levando a crer que leis foram descobertas e, conseqüentemente, levar à perpetuação equivocada do segmento;
- a própria implementação do segmento por meio de qualquer uma das estratégias utilizadas (especialização num único segmento, especialização no produto, especialização no mercado, especialização seletiva, ampla cobertura do mercado) estará por si só alterando o padrão do mercado e servindo de aprendizado para os clientes, alterando percepções, desejos, atitudes e mesmo necessidades.

Em face dessas possibilidades, tornam-se indispensáveis o controle e a avaliação contínuos da modelagem utilizada na segmentação. Sinalizadores de resultados obtidos em cada segmento, tais como participação de mercado, retenção de clientes e ganhos auferidos, podem indicar a necessidade de revisão na modelagem da segmentação.

A monitoração dos segmentos cresce em importância quando se tem claro que a segmentação de mercado é a base para que a organização consiga não só adequar seus produtos às reais necessidades dos clientes, mas também merecer estar presente na mente, no coração e no bolso deles, satisfazendo-lhes as necessidades e expectativas com maior competência que seus concorrentes.

Exercitando conceitos

Suponha que uma organização do ramo de inseticidas aerossóis identificou três tipos de consumidoras de seus produtos: as exterminadoras, as evitadoras e as ecologicamente corretas. Eis as características de cada uma delas:

- exterminadoras — têm mais de 50 anos, usam roupas clássicas, são boas mães, controladoras, acreditam que os bons aerossóis têm que ter cheiro forte, vêem insetos como sujeira e pensam que é mais importante matar do que repelir;
- evitadoras — têm de 35 a 50 anos, priorizam o trabalho, dispõem de pouco tempo para a família, são casadas, boas mães, com filhos adolescentes, solidárias, práticas, independentes, meio estressadas, preferem inseticidas de ação específica, pensam que inseticidas são desnecessários, pois basta repelir com limpeza, e não acham que os inseticidas modernos sejam melhores;
- ecologicamente corretas — têm de 20 a 40 anos, são bem-resolvidas, dinâmicas, inteligentes, executivas, mães de crianças pré-adolescentes, casadas ou não, atraentes, vão ao cinema e ao teatro, preocupam-se com a saúde da família e dos animais, preferem inseticidas de múltipla ação e inodo-

ros, consideram que insetos não são sinônimo de sujeira e não concordam que os inseticidas modernos não sejam nocivos.

Agora responda:

1. Quais as bases utilizadas nessa segmentação?
2. Como você explica os fatores de cada classe?
3. O que você recomenda para cada segmento?

7

Posicionamento

Entre as mais importantes contribuições do marketing à estratégia organizacional estão os conceitos de segmentação e posicionamento. Uma vez escolhido o segmento do mercado em que irá atuar, a organização deve definir a posição que pretende assumir nesse segmento. O conceito de segmentação já foi discutido no capítulo anterior. Agora veremos a questão do posicionamento, fundamental no delineamento das ações táticas de marketing. Isso quer dizer que o projeto do produto, a definição de preço, as decisões sobre os canais de distribuição e as estratégias de promoção e comunicação dependem, fundamentalmente, do posicionamento que a organização deseja ter no mercado.

Para Kotler (2000:321), posicionamento é "o ato de desenvolver a oferta e a imagem da organização para ocupar um lugar destacado na mente dos clientes-alvo", ou ainda, segundo o mesmo autor (1993:161), "a maneira como um produto é definido pelos consumidores no que diz respeito aos atributos importantes — o lugar que o produto ocupa na mente dos consumidores em relação aos produtos concorrentes". O cerne da questão está em "como um produto é definido pelos consumidores". Isso porque, como afirmam Ries & Trout (1995:2), posicionamento "não é o que você faz com o produto. Posicionamento é o que você faz na mente do cliente em perspectiva. Ou seja, você posiciona o produto na mente do comprador em potencial".

Para Ries e Trout, não se trata de criar algo novo ou diferente, mas de trabalhar com o que já está na mente do consumidor, realinhando as conexões já existentes. E qual é a importância disso? Ora, se "a beleza está nos olhos de quem a vê", como diz o ditado popular, então a única realidade do mercado — a que conta — é aquela que já está na mente do consumidor. Como na peça *Assim é se lhe parece* (1917), de Luigi Pirandello, escritor e prêmio Nobel de Literatura em 1934, cada ser humano acredita na realidade segundo suas percepções. Tudo se passa na mente do consumidor.

Além disso, a sociedade está saturada de comunicação. Se não, vejamos: pense nos jornais e revistas que você leu nesses dois últimos dias. Procure lembrar dos programas a que assistiu na televisão. De quantos anúncios consegue lembrar? Quantos comerciais lhe chamaram a atenção? Por isso, para se defender do excesso de informação, você filtra tudo aquilo que lhe é imposto diariamente, apenas aceitando o que de certa forma condiz com seu conhecimento e experiência anteriores. Portanto, quando se deseja divulgar as vantagens de algum produto, é necessário concentrar-se nas percepções do cliente, e não na realidade do produto. Essa é a chave de um posicionamento eficaz. E dele dependem, definitivamente, todas as decisões sobre o *mix* de marketing. Se a segmentação mostra como os clientes podem ser agrupados num mercado, o posicionamento mostra como esses clientes agrupam em sua mente os produtos e serviços oferecidos.

O posicionamento como estratégia de marketing

Você já consolidou a segmentação do mercado em que deseja atuar. Já selecionou os segmentos nos quais implementará suas ações de marketing. Agora, deve adotar a estratégia de posicionamento adequada a esses segmentos. O primeiro passo é considerar os diferentes tipos de estratégias de posicionamento:

- posicionamento por atributos/benefícios — baseia-se em benefícios tangíveis ou abstratos, tais como qualidade, durabilidade, sabor, frescor, bem-estar; por exemplo, apresentar um absorvente feminino como o que tem maior capacidade de absorção e, portanto, maior segurança;
- posicionamento por aplicação ou utilização — ressaltam-se as vantagens em algum uso ou aplicação específicos; por exemplo, uma bebida isotônica que propicia maior reposição de sais, indicada especialmente para atletas;
- posicionamento por usuário — apresentar um produto como o melhor para determinado grupo de usuários; por exemplo, um xampu para bebês igualmente indicado para quem lava os cabelos com mais freqüência e precisa de produtos mais suaves;
- posicionamento por concorrente — alguma vantagem explícita ou implícita em relação aos concorrentes, ou seja, o produto é de algum modo melhor que o da concorrência; por exemplo, o carro popular 1.0 mais potente do mercado;
- posicionamento por categoria de produtos — posicionam-se os produtos em relação a determinadas classes de produtos; por exemplo, barras de cereais são mais saudáveis do que barras de chocolate; sucos de frutas são mais saudáveis do que refrigerantes;
- posicionamento por qualidade/preço — o produto que oferece o melhor valor, a melhor relação custo *versus* benefício.

Eis algumas questões que podem ajudar na análise de posicionamento: Que posição ocupa atualmente a organização? Que posicionamento ela deseja ter? Que concorrentes precisa superar? Que é necessário para implementar a estratégia de posicionamento?

A primeira questão refere-se à posição da organização no mercado, isto é, como ela é percebida pelo cliente. A segunda considera como a organização deve ser percebida no segmento visado para melhor aproveitar as oportunidades identificadas na análise do ambiente de marketing. A terceira visa identificar que concorrentes ocupam as posições que a organização deseja ter na mente do consumidor. Por último, trata-se de definir as decisões sobre o *mix* de marketing, isto é, que ações de diferenciação se devem empreender com relação ao produto/serviço, ao preço, à distribuição e à promoção. Como se pode ver, o desenvolvimento da estratégia de posicionamento depende fundamentalmente das técnicas de pesquisa de marketing para responder a essas questões.

Que posição ocupa atualmente a organização?

Tal posição não é a que você determina, mas a que o mercado reconhece. Você já notou que posicionamento não é o que você faz com seu produto, e sim como o cliente o percebe e o situa em relação aos produtos concorrentes. Entretanto, a necessidade de posicionar-se no mercado parte primeiramente de uma análise sobre o desempenho, ou a posição, de sua organização em seu setor de negócios. A matriz apresentada no quadro 4 poderá ajudá-lo nessa tarefa.

Quadro 4

MATRIZ DE POSICIONAMENTO DA ORGANIZAÇÃO EM SEU SETOR DE NEGÓCIOS

Fatores de desempenho	Posição da organização		
	Alto	Médio	Baixo
No mercado			
Tecnológicos			
Diante da concorrência			
Econômico-financeiros			
Político-sociais			
De marketing			
Total da posição da organização no negócio			

Fonte: Cobra, 1991.

Seu desempenho no mercado pode ser medido considerando sua participação nesse mercado, as taxas de crescimento de suas vendas, a procura existente nesse mercado pelo seu produto, o aproveitamento do potencial do mercado, o potencial de sua organização para novos produtos etc.

Quanto à tecnologia necessária para sua atuação competitiva nesse mercado, quão atualizada está sua organização? Tem acesso fácil a novas tecnologias? Pode adquiri-las?

Seu desempenho diante da concorrência também deve ser medido, isto é, sua posição diante dela e dos eventuais entrantes em decorrência da atratividade que o mercado possa apresentar, considerando sua capacidade de criar barreiras à entrada. Mais adiante veremos mais detalhadamente a questão da concorrência.

O desempenho econômico-financeiro é medido pela lucratividade da organização ou do produto estudado, pela economia de escala em sua produção, pelos investimentos realizados, pela disponibilidade de matéria-prima e fornecedores.

Quanto aos fatores político-sociais, é importante considerar sua capacidade de neutralizar os efeitos da turbulência social, política e econômica.

Em relação ao marketing, cumpre analisar o desempenho da força de vendas e do produto, a sensibilidade do mercado aos preços, a distribuição, as ações promocionais e os serviços aos clientes, assim como o relacionamento com estes. Enfim, o desempenho do seu *mix* de marketing. Obviamente pode haver outros fatores, além dos aqui mencionados, que necessitem ser analisados à luz do posicionamento de sua organização, em sua área de negócios e nos segmentos onde atua ou deseja atuar. Considerando a matriz apresentada no quadro 4, o resultado da posição da organização — alto, médio ou baixo desempenho — determinará se há ou não necessidade de reposicionar-se.

Que posição a organização deseja ocupar?

Considere aqui a melhor posição a conquistar a longo prazo, seja por oportunidades ou ameaças apresentadas pelo ambiente. O que torna um mercado tão atraente que justifique seus esforços de posicionamento? Que ameaças se apresentam? Quais são os principais fatores de atratividade desse mercado? Um mercado para determinado setor de atividades possui diversas características intrínsecas que podem torná-lo mais atraente do que outros.

Uma organização que pretenda posicionar-se em sua área de negócios terá de decidir acerca dos mercados em que atua ou tenciona atuar. Isso significa adotar critérios para a análise dos mercados atuais e novos. Da mesma forma, ao lançar um novo produto, a organização tem de decidir em que mercado ou mercados vai atuar prioritariamente e como aí posicionar-se. Para minimizar a subjetividade dessa decisão estratégica, o analista de marketing deve investigar quão atraente é o mercado em que a organização atua ou vai atuar. Há diversos fatores que tornam um mercado mais atraente do que outros.

A análise do mercado permite identificar os fatores de alta, média e baixa atratividade, ou seja, podem ser avaliadas as condições de mercado para um determinado produto. Caso o mercado seja altamente atraente, justificam-se os investimentos necessários para posicionar o produto nesse mercado. Na hipótese de o mercado ser pouco ou apenas medianamente atraente, cabe a você decidir acerca do risco de investimentos. A análise deve ser conduzida por fator, calculando-se depois o total de atratividade do mercado, similarmente à matriz de posição da organização apresentada no quadro 4. O quadro 5 procura sintetizar o exposto.

Quadro 5

MATRIZ DE ANÁLISE DOS FATORES DE ATRATIVIDADE DO MERCADO

Fatores de atratividade	Atratividade do mercado		
	Alta	Média	Baixa
Do mercado			
Tecnológicos			
Diante da concorrência			
Econômico-financeiros			
Político-sociais			
Total da atratividade do mercado			

Fonte: Cobra, 1991.

As características do mercado são: tamanho, taxa de crescimento, diversidade que permita a segmentação, estágio do ciclo de vida (crescimento, maturidade, declínio), demanda cíclica ou sazonal, sensibilidade ou estabilidade em relação ao preço, requisitos para a distribuição de produtos, necessidades de serviços ao cliente, poder de barganha dos clientes, concentração de clientes, clientes efetivos e potenciais, potencial para produtos existentes e novos.

Eis alguns dos fatores tecnológicos a serem considerados para caracterizar a atratividade de um mercado: o nível de tecnologia requerido pelo mercado, o ciclo de vida da tecnologia disponível no mercado (introdução, crescimento, maturidade, declínio), a possibilidade de introdução de novas tecnologias etc.

Os fatores relativos à concorrência são, entre outros, o grau de concentração dos concorrentes, a atitude da concorrência (passiva ou agressiva), as mudanças no tipo de concorrência, o *mix* de concorrentes, a força da concorrência e a posição do líder.

Os fatores econômico-financeiros se referem à lucratividade do setor, à potencialidade da alavancagem financeira, à economia de escala de produção do setor, ao volume de investimentos necessário à atuação no setor, à utilização da capacidade industrial instalada, à disponibilidade de matérias-primas, às barreiras existentes à entrada no setor etc.

No tocante aos fatores político-sociais, quanto menor for a turbulência, mais atraente será o mercado. Entre esses fatores destacam-se: as atitudes sociais vigentes no mercado, os aspectos ambientais, políticos e sociais, as vulnerabilidades à intervenção política, a ação dos sindicatos e a ação do governo.

Em cada setor de negócios, a importância dos fatores de atratividade do mercado varia em função da natureza do produto e do comportamento do cliente. A inovação tecnológica, por exemplo, pode ser muito importante para determinados produtos e nem tanto para outros.

Portanto, analisar a importância de cada fator é fundamental para determinar corretamente a atratividade de um mercado. Caso varie muito a importância dos fatores, convém atribuir um peso a cada um deles, para efeito de uma análise ponderada. Dada a natureza de cada negócio, é preciso adequar a composição dos fatores, eliminando alguns e acrescentando outros.

A análise da atratividade do mercado deve ser cruzada com outra análise, a da posição da organização em seu negócio. Isso porque, se o mercado mostrar, por exemplo, baixa atratividade e a organização já tiver uma posição bastante forte no setor analisado, restará pouca margem para a ação estratégica. Porém, se a posição da organização for média ou mesmo fraca num mercado de alta atratividade, haverá muito espaço para melhorar o desempenho.

Pois bem, você cruzou a análise de atratividade do mercado com a de posicionamento de sua organização nesse mesmo mercado. Percebeu oportunidades que podem ser aproveitadas ou ameaças das quais deve defender-se. Todavia, essa análise deve ser respaldada pelas impressões de seus clientes. Isso significa que suas conclusões sobre a posição que sua organização ocupa ou deseja ocupar no mercado não devem limitar-se apenas a uma análise interna, pois é preciso também levar em conta como esse desempenho é visto pelos clientes.

Quem a organização precisa superar?

Segundo Porter (1991), uma estratégia competitiva envolve o posicionamento de um negócio de modo a maximizar o valor das características que o distinguem de seus concorrentes. Em conseqüência, um aspecto central da formulação da estratégia é a análise detalhada da concorrência. A metodologia para análise da concorrência tem os seguintes componentes: metas futuras (para todos os níveis da administração e várias dimensões), estratégias em curso (como o negócio está competindo no momento), hipóteses (relativas à própria organização e ao seu setor de negócios) e capacidades (tanto os pontos fortes quanto os pontos fracos). Procura-se assim traçar o perfil do concorrente, ou seja, se ele está satisfeito com sua posição atual, quais os seus prováveis movimentos ou mudanças estratégicas, seus pontos vulneráveis e seu poder de retaliação.

É muito importante monitorar os movimentos da concorrência, mas ainda mais importante é identificar corretamente essa concorrência. Isso porque às vezes o concorrente não é aquele que você considera como tal, e sim aquele com quem o seu cliente o compara. Seu alvo, portanto, não é o mercado, mas a mente de seu cliente. Sendo assim, para formular uma estratégia de posicionamento competitivo é fundamental conhecer a mente do cliente, ou seja, focalizar o cliente para poder identificar os concorrentes.

Uma conhecida marca de refrigerante tem muitas concorrentes, como outros refrigerantes, águas minerais, bebidas isotônicas, chás gelados. Em geral, há concorrentes primários e secundários. Os primários são os que competem para satisfazer a necessidade principal — no caso do Guaraná Antarctica, da Ambev, é o Kuat, da Coca-Cola. Os concorrentes secundários são os que não vêm logo à mente do cliente quando ele pensa em satisfazer seus desejos e necessidades. Nesse caso, mais uma vez, a pesquisa de marketing mostra-se de suma importância. Diante de uma necessidade, as pessoas avaliam as possíveis soluções para atendê-la. Os padrões mentais que formam essas avaliações são a base sobre a qual se devem construir as posições dos produtos. É preciso entender esses padrões e a importância relativa de cada um deles para identificar as posições dos concorrentes. Essas posições podem basear-se nos atributos do produto, nas situações de uso ou no grupo de usuários. O exemplo a seguir comprova a necessidade de investigar o mercado através da perspectiva do cliente para a correta identificação da concorrência.

A Adams, fabricante do Halls, estava preocupada com o crescimento das vendas da pastilha Tic Tac. Em pesquisa visando obter informações sobre que ações empreender na defesa de seu produto, a seu ver ameaçado pelo concorrente, fez uma importante descoberta: 86% dos consumidores de Tic Tac eram, na verdade, consumidores de um produto que ela também comercializava — o chiclete Trident. O Tic Tac não era uma ameaça ao Halls, e sim ao Trident. Era o posicionamento do Trident que deveria ser trabalhado quanto às suas características, vantagens e benefícios. O resultado foi o crescimento de usuários e potenciais consumidores da marca, além de uma grande queda do percentual de pessoas que desconheciam o produto. A idéia inicial da Adams era desenvolver um produto para combater um concorrente no mercado de dropes, mas os resultados das pesquisas a levaram a concluir que uma goma seria mais eficiente para atingir seus objetivos. Não fosse a pesquisa para identificar corretamente o posicionamento de seus produtos e dos da concorrência na mente dos consumidores, as medidas seriam equivocadas e poderiam até prejudicar seriamente o posicionamento de um produto vencedor como o Halls.

Para as análises até aqui consideradas — a posição ocupada pela organização, a posição que ela deseja ocupar e quem precisa superar —, pode-se utilizar o mapa de percepção apresentado na figura 18. Construído com recursos estatísticos, o mapa mostra como o cliente percebe produtos, serviços, organização e marcas. Várias inferências podem ser feitas a partir apenas da visualização. O mapa pode mostrar que o seu produto está bem posicionado, proporcionando-lhe munição para uma campanha publicitária, ou localizado numa área densa, congestionada, exigindo uma estratégia de reposicionamento. Também pode mostrar-lhe áreas vazias, que indicam demanda existente, mas não atendida, isto é, uma oportunidade a ser aproveitada.

Figura 18

MAPA DE PERCEPÇÃO

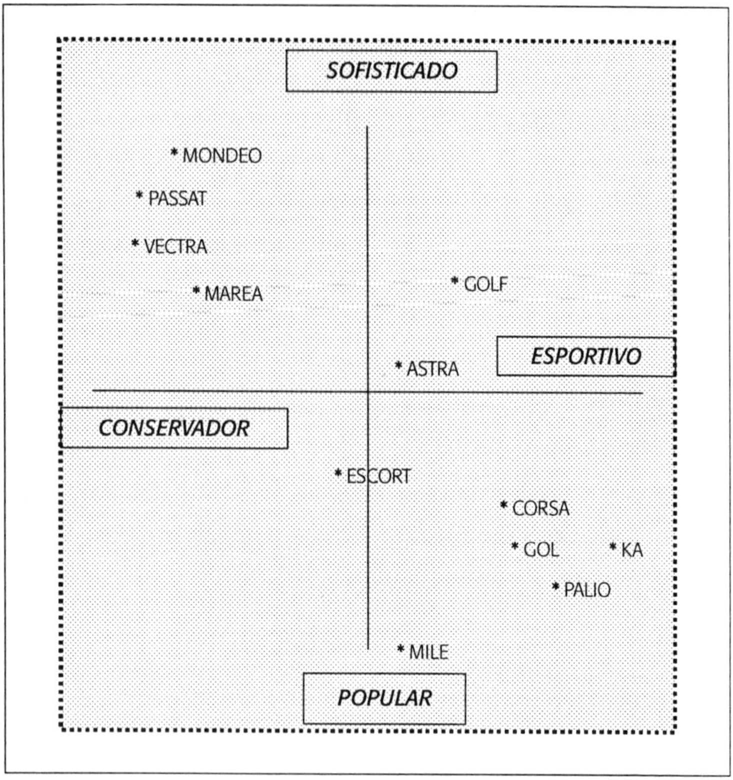

Quais as ações necessárias para implementar a estratégia de posicionamento?

Trata-se de saber que características percebidas pelo cliente representam vantagens comparativas. Ora, não é você quem determina essas vantagens, mas o cliente de sua oferta. Quando do lançamento no Brasil, em 2002, do Peugeot 307 — premiado na Europa como o carro do ano em 2001 —, a Peugeot apresentou como uma das vantagens comparativas o fato de o veículo possuir saída de ar-condicionado no porta-luvas. Que real vantagem isso representa para você? Claro que outras características fazem dele um excelente carro, mas isso mostra como é importante você conhecer a opinião de possíveis compradores antes de projetar seu produto com os diferenciais necessários ao posicionamento pretendido. Veja outro exemplo. O Cricket, isqueiro descartável da Gillette, tinha uma posição desvantajosa em relação ao seu concorrente da Bic devido ao seu preço. Pesquisas revelaram que o mecanismo de graduação da chama era desnecessário para o consumidor. Essa era uma característica do produto que onerava a produção e que fora projetada como uma vantagem competitiva, mas que assim não era vista pelo usuário.

Certamente você já percebeu que a decisão sobre que medidas tomar para um posicionamento competitivo no mercado tem necessariamente de levar em consideração o cliente. Para algumas organizações é mais fácil definir uma boa estratégia de posicionamento. A Nestlé, por exemplo, é reconhecida pela qualidade de seus produtos. Caso venha a interessar-se por algum segmento que preze esse atributo, ela terá mais facilidade em obter essa posição. Muitas vezes, porém, várias organizações podem estar interessadas numa mesma posição. Nesse caso, devem encontrar meios de distinguirem-se umas das outras, ou seja, devem diferenciar suas ofertas mediante vantagens competitivas que sejam assim percebidas pelo segmento onde pretendem atuar.

A implementação da estratégia de posicionamento consiste, pois, em identificar as vantagens competitivas que se podem explorar para conseguir uma posição no segmento desejado, em selecionar essas vantagens e, finalmente, comunicá-las.

Identificação das vantagens competitivas

"O que é algo a não ser o valor que se dá a ele?" Essa frase de William Shakespeare, famoso poeta e autor teatral inglês, nos faz refletir sobre o real valor das coisas. Pensando bem, elas não têm valor em si mesmas. Somos nós que as valoramos ou as aquilatamos. A qualidade ou o valor de um produto está naquilo que obtemos ou desejamos obter dele.

Reconhecer os clientes como pessoas que buscam soluções para seus problemas e o valor que daí resulta é fundamental para a viabilidade de uma organização a longo prazo. Segundo Levitt (1990), muitas organizações sofrem do que chamou de "miopia de marketing", isto é, uma visão limitada e centrada em produtos ou serviços. Como diz ele, quando os clientes adquirem furadeiras de três quartos, na verdade estão comprando furos de três quartos. Se algum dia uma organização lançar pistolas a laser que façam furos de três quartos com mais precisão, ela superará as que apenas fabricam furadeiras. Não compramos máquinas para tirar fotografias, mas para guardar lembranças de momentos em nossa vida. Sempre que compramos um produto ou serviço, nosso objetivo básico é o mesmo: atender a alguma necessidade, satisfazer algum desejo. Assim, o que constitui valor para o cliente é a capacidade de um produto ou serviço lhe proporcionar isso.

Em suma, o valor está nas expectativas dos clientes, em sua percepção. Portanto, é algo subjetivo, pois varia de uma pessoa para outra — ou de um segmento para outro. Assim, para identificar as reais vantagens competitivas é preciso conhecer o critério de valor adotado pelo cliente ou pelo segmento almejado. Devem-se considerar suas características culturais, sociais e psicológicas, entre outras, para estabelecer diferenciais competitivos. A estratégia de posicionamento começa por diferenciar a oferta da organização, de modo que o consumidor perceba nela maior valor que o das concorrentes e a posicione privilegiadamente.

A diferenciação não se dá apenas na comunicação. Não se obtém um posicionamento sólido com base em promessas infundadas. Se uma organização se posiciona oferecendo a melhor qualidade, ela tem que oferecer essa qualidade e isso tem que ser percebido. Mas como pode uma organização diferenciar a sua oferta no mercado?

Kotler (2000) apresenta a proposta de Crego e Schiffrin para as organizações voltadas para os clientes: elas devem estudar os valores dos clientes e criar ofertas que superem as suas expectativas. Tal processo tem três etapas:

- definir os valores dos clientes, relacionando todos os fatores dos produtos/serviços que possam influenciar-lhes a percepção de valor;
- estabelecer uma hierarquia de valores, isto é, ordenar todos os fatores relacionados em grupos, tais como: básicos, esperados e aumentados;
- decidir que conjuntos de valores considerar na diferenciação da oferta para a estratégia de posicionamento.

Como pode uma organização diferenciar-se para conseguir o posicionamento que deseja no segmento-alvo? Considerando o *mix* de marketing, ou seja, o que fazer com relação ao produto, ao preço e aos canais de distribuição. As ações referentes à promoção serão abordadas mais adiante, quando tratarmos da comunicação do posicionamento da organização.

Produto

A qualidade percebida num produto tem duas dimensões: técnica e funcional. Qualidade técnica diz respeito às características tangíveis do produto, tais como seu desempenho, durabilidade, conformidade, *design*. A perspectiva do cliente é que define quais características adotar: o que ele acha do produto, que características o satisfazem, como ele compara essas características com as de ofertas concorrentes. O que importa é o que o cliente acha importante no produto para aceitar o posicionamento que você deseja ter em sua mente.

Hoje, as organizações em geral têm fácil acesso a novas técnicas de gestão e produção e a tecnologias que permitem produzir e vender produtos com características similares em termos de desempenho, durabilidade e qualidade. Portanto, torna-se mais difícil desenvolver produtos com diferenciais realmente competitivos. Os produtos tornaram-se *commodities*. O que pode representar um diferencial verdadeiramente competitivo é talvez o seu *design*. Os *designers* o chamam de "fator X", ou seja, um inexplicável poder de atração que o produto exerce sobre o cliente devido à sua embalagem ou forma. Para o cliente, um produto com um bom *design* é aquele que é agradável de se olhar e prático de se utilizar.

A Apple Computers, com seu iMac, é um exemplo de estratégia de posicionamento bem-sucedida através do *design* de seu produto. Ao contrário dos computadores dos demais fabricantes, este não é bege nem quadrado. Seu *design* é tão revolucionário — com o monitor e o CPU curvos, numa única unidade colorida e translúcida — que um mês depois de ser lançado, em 1998, tornou-se o segundo computador mais vendido nos EUA. Suas características técnicas apresentavam incipientes diferenciais em relação à concorrência, mas seu *design* foi tão inovador que o consumidor o posicionou de forma diferenciada.

A Ripasa S.A. Celulose e Papel, fabricante do papel Ripax, percebeu uma oportuna estratégia de posicionamento para seu produto, graças a uma pesquisa que constatou uma mudança no conceito de papel entre os consumidores: antes visto como simples material de escritório, o papel passou a ser considerado suprimento de informática. A empresa mudou então a embalagem de seu produto, fazendo com que este parecesse realmente um produto de informática: a embalagem ganhou desenhos, cores e informações que o apresentavam como tal. Em 1998, quando mudou de embalagem, o papel Ripax tinha 17% de participação no mercado; um ano depois, passou a ter 22%.

Não importa que características se emprestem ao produto; elas só terão efeito se atenderem às expectativas de posicionamento do cliente. Nesse caso, devemos considerar também sua dimensão funcional. Se a dimensão técnica corresponde à tangibilidade das características de um produto, sua dimensão funcional corresponde às facilidades de uso que essas características podem proporcionar. Um banco que lhe ofereça um *home banking* tecnologicamente avançado, que lhe permita movimentar sua conta, fazendo pagamentos, transferências de valores e investimentos de qualquer lugar através da Internet, pode parecer-lhe excelente. Tais características técnicas se lhe afiguram funcionais. Entretanto, essa funcionalidade não existe para um correntista da terceira idade, avesso a toda essa parafernália eletrônica. Para ele essa qualidade não é percebida, pois ambas as dimensões — técnica e funcional — não atendem à sua expectativa. Para posicionar-se competitivamente nesse segmento, o banco deveria considerar outros diferenciais.

Já que é tão difícil diferenciar-se pelas características tangíveis — ou funções técnicas — de um produto, a chave de um posicionamento competitivo pode estar na adição de serviços que o valorizem. Whiteley (1992) apresenta os resultados de uma pesquisa na qual foram estudados clientes de vários segmentos, como bancos, postos de combustíveis, locadoras de automóveis etc., visando identificar as razões de mudança para um concorrente. Apenas 15% dos clientes mudaram para um concorrente por terem encontrado um produto melhor, e somente 15% por terem encontrado um produto mais barato.

Entretanto, 70% o fizeram por causa de mau atendimento ou serviço ruim.

Já que os serviços são tão importantes, como identificar aqueles que representem diferenciais competitivos a serem utilizados numa estratégia de posicionamento? Da mesma forma que se faz no caso dos produtos — consultando o cliente, para conhecer suas expectativas, e oferecendo os serviços capazes não só de atender a essas expectativas, mas até mesmo superá-las.

A Axis Sinimbu, segunda maior transportadora de automóveis do país, passou a vender o serviço de revisão antecipada do carro novo e trata de apresentá-lo a seus clientes. Fechou contratos de administração dos pátios de estoque da Volkswagen em São Bernardo, São José dos Pinhais e Taubaté. A transportadora cuida também de buscar no Paraná componentes para o Classe A produzido pela Mercedes-Benz em Juiz de Fora. A Axis está capacitada para revisar até 300 veículos por dia, em três turnos, ao preço unitário de R$35,17. A idéia da revisão antecipada é deixar na concessionária um veículo em condições de ser imediatamente entregue ao consumidor. Normalmente, quem cuida da revisão é a própria revenda, que depende de pessoal e de uma área para realizar o serviço. Pelos cálculos da Axis, o custo unitário para a concessionária chega a R$80.

Preço

Das variáveis do *mix* de marketing, essa é a que mais explicitamente se relaciona ao conceito de valor. Representa a tradução, em valores monetários, do posicionamento desejado pela organização e percebido pelo consumidor. Assim, o número escrito numa etiqueta não deve refletir o custo de um produto mais sua margem de lucro, e sim o valor que o cliente percebe nele. Muitas vezes, o preço percentualmente maior de um produto ou serviço é percebido como um diferencial competitivo que o posiciona de forma destacada na mente do consumidor.

Em suas estratégias de extensão de marcas, as organizações não devem desconsiderar a relação da posição que essas marcas ocupam na mente do cliente com o preço dos produtos que as levam. Uma caneta Mont Blanc é comparativamente mais cara que a maioria das canetas. Qualquer outro produto que leve essa marca também deve apresentar esse diferencial se comparado a outros da mesma categoria. Um porta-retratos, uma pasta executiva ou um desodorante que levem a marca Mont Blanc devem ser mais caros que seus similares de outras marcas para que tenham o mesmo posicionamento da marca original.

Você compraria um terno Versace, um sapato Prada ou um perfume Guerlain a preços populares? Acreditaria na autenticidade desses produtos? A variável preço representa um vetor importante para estabelecer um posicionamento estratégico.

Ponto

Os canais de marketing também podem apresentar vantagens competitivas numa estratégia de posicionamento. Os canais de marketing são conjuntos de organizações independentes envolvidas no processo de distribuição de um produto ou serviço para uso ou consumo. Segundo Kotler (2000), cabe-lhes também, entre outras funções, desenvolver e disseminar mensagens persuasivas para estimular a compra. Essas mensagens não se apresentam apenas na forma explícita da propaganda, mas também nas facilidades, serviços e atendimento oferecidos que constroem a imagem que posiciona o canal na mente do consumidor.

Chetochine (2000) define o cliente por meio de dois conceitos: *shopper* e *buyer*. O *shopper* é o cliente que se interessa em saber onde se deve comprar e não o que se deve comprar. É nesse tipo de cliente que se encontram todos os procedimentos de escolha do ponto-de-venda, em função de fatores como preço, serviços, variedade, facilidade de acesso, conveniência e imagem. O *buyer* é o cliente que, uma vez dentro da loja, envolve-se na escolha de produtos. Estando num ambiente de compra, o *buyer* reage com maior ou menor intensidade. Se o ponto-de-venda propiciar-lhe conforto no atendimento às suas expectativas, ele será induzido a gastar mais. Se sentir-se frustrado nessas expectativas, ele deixará de comprar, independentemente de seu padrão financeiro, sua condição social ou suas necessidades como cliente. Daí a importância dos canais de marketing como variável competitiva a ser utilizada na estratégia de posicionamento.

É fácil perceber a importância dos pontos-de-venda e seu posicionamento na mente do cliente. Chetochine (2000) considera alguns componentes de percepção, tais como legitimidade, efeito de origem, *top of mind* (primeiro a ser lembrado) e imagem. A legitimidade corresponde à noção de credibilidade, isto é, o cliente precisa estar convencido de que aquele canal é realmente legítimo como ofertante dos produtos daquela marca. Os efeitos de origem correspondem à credibilidade da mensagem, do discurso, da expressão em termos de divulgação do ponto-de-venda. O *top of mind* significa a relação entre o canal e sua classificação na mente do cliente no caso de determinada compra, isto é, em quem ele pensa em primeiro lugar para encontrar este ou aquele produto, serviço ou marca. E a imagem traduz a posição de um ponto-de-venda em relação a outro.

A escolha adequada de um canal de marketing pode representar uma vantagem competitiva a ser utilizada numa estratégia de posicionamento. Lembra-se daquela frase: "encontrado nas melhores casas do ramo"? Pois ela quer dizer que nosso produto é tão bom que só poderia ser vendido nas melhores lojas. As melhores lojas não venderiam produtos que também não fossem os melhores. O conceito de excelência atribuído àquele ponto-de-venda transfere-se para o produto e o posiciona dessa forma.

Um produto da marca Louis Vuitton só se encontra à venda em suas lojas exclusivas. Essa característica posiciona os produtos da marca como exclusivos. O posicionamento de sofisticação e exclusividade da marca estende-se aos produtos. Não se encontra uma loja Donna Karan instalada num *shopping* popular, pois não é esse o posicionamento desejado para os produtos que levam sua marca. Aplicando os conceitos de Chetochine, esses pontos-de-venda têm legitimidade, isto é, o consumidor desse tipo de produto sabe que neles encontrará produtos autênticos, e não peças falsificadas. Além disso, as marcas estão de tal modo posicionadas na mente do consumidor que não poderiam ser vendidas em outro lugar.

Seleção das vantagens competitivas

A organização analisou os diversos fatores de seu desempenho que a posicionam no mercado e as atratividades que este apresenta. Identificou as vantagens que possui e que podem ser exploradas numa estratégia de posicionamento. Agora, precisa decidir quais dessas vantagens fundamentarão sua estratégia.

Um produto fabricado por sua organização tem diversas vantagens que a seu ver poderiam ser exploradas na estratégia de posicionamento: é de melhor qualidade, mais durável, rende mais, é mais seguro e tecnologicamente mais avançado. Porém, dificilmente seu produto poderá ser tudo para todos. Quanto mais atributos tiver a marca, maior a possibilidade de perder o posicionamento na mente do consumidor, principalmente numa era que se caracteriza por mercados cada vez mais segmentados. Assim, você precisa escolher quantos diferenciais irá promover.

Poderá optar por um posicionamento único, isto é, promover apenas um benefício ou atributo como diferencial competitivo. Por exemplo, a Telesp Celular, concessionária de telefonia celular na banda A, no estado de São Paulo, posicionou seu serviço Zaaap como "a única Internet móvel em alta velocidade". Diante de tantas organizações estrangeiras fornecedoras de softwares de gestão organizacional que prometiam praticamente a mesma coisa, a Microsiga posicionou seu produto como "uma solução brasileira", ou aquele que "fala a sua língua". Ser o primeiro, destacar-se como o único que fala a língua do cliente, ser o melhor, o mais rápido ou o mais econômico, tudo isso pode fazer com que a organização e seu produto sejam mais facilmente lembrados por esse único atributo. Você pode desejar que mais de um atributo ou benefício caracterize e posicione o produto, mas deve atentar para possíveis erros de posicionamento.

O *subposicionamento* é um deles. Nesse caso, os clientes têm apenas uma vaga idéia do produto, que não se destaca diante da concorrência pelo(s) atributo(s), pois está posicionado numa zona congestionada de outros tantos produtos com posição similar: o supermercado que vende mais barato, o xampu que deixa seus cabelos macios e brilhantes ou o feijão que rende mais. Todos prometem a mesma coisa, posicionam-se da mesma forma, são apenas mais um rosto na multidão.

Outro possível erro é o *superposicionamento*. A marca é destacada de tal modo que os clientes têm dela uma imagem muito restrita. Foi o caso da Bombril, confundida com palha de aço, da qual foi precursora, e que se lançou com estardalhaço no ramo de limpadores e esponjas sintéticas. O resultado revelou que a Bombril não era uma boa marca guarda-chuva. A Santista Alimentos também tentou levar duas de suas marcas de margarina para outros produtos: a marca All Day tornou-se geléia, enquanto a Delícia virou requeijão. Ambos os lançamentos não estão mais nas gôndolas.

No *posicionamento confuso*, os consumidores não têm uma imagem clara da marca. Normalmente isso acontece quando se deseja ser tudo para todos. O mesmo produto é apresentado como atendendo a segmentos distintos. A Microsoft vendia seu sistema operacional Windows e seu pacote de aplicativos Office indistintamente para usuários domésticos e corporativos. Posicionou, então, seus produtos para cada um desses segmentos, desenvolvendo o Windows 2000 e o Office Profissional para uso organizacional, e o Windows Milenium e o Office Standard para uso doméstico.

O *posicionamento duvidoso* refere-se a um argumento sem credibilidade, quer pela reputação da marca, quer pela promessa considerada irrealizável.

De qualquer forma, a seleção das vantagens competitivas deve respeitar dois princípios básicos. Primeiro, até que ponto a característica escolhida por você é reconhecida pelo cliente como realmente vantajosa quando ele compara seu produto com o dos concorrentes. Até que ponto essa característica representa valor para ele? Esse assunto já foi abordado anteriormente. Segundo, até que ponto a diferença será lucrativa para a organização? O comandante Rolim, ex-presidente da TAM Linhas Aéreas S.A., estipulou sete mandamentos a serem observados pelos seus funcionários, e justamente o primeiro dizia: "nada substitui o lucro".

Nota-se aí a intenção de exaltar a função social das organizações, de defender a sua importância. Mas, como pode uma organização cumprir satisfatoriamente sua função social, isto é, gerar empregos, pagar salários e impostos, ser proativa em ações sociais na comunidade, se não for financeiramente saudável? Sua saúde financeira vem dos lucros obtidos com suas atividades no mercado. Sendo assim, suas ações precípuas devem visar ao lucro. De nada adianta produzir e vender um produto muito bom para o cliente mas que não proporciona lucro à organização. Esta não sobreviveria para continuar a produzi-lo.

Todavia, nem sempre a estratégia de posicionamento visa exclusivamente à obtenção de lucros através do produto a ser posicionado. De modo mais amplo, uma estratégia consiste em planejar e executar operações para alcançar ou manter posições relativas e potenciais que venham a favorecer futuras ações táticas para atingir determinados objetivos. Assim, na seleção das vantagens competitivas deve-se levar em conta as características que apresentem a melhor relação custo *versus* benefício no posicionamento desejado para se atingir esses objetivos.

Comunicação das vantagens competitivas – o posicionamento

Segundo Al Ries e Jack Trout (1995:4), dado o excesso de comunicação que saturava o mercado, este não mais reagia às estratégias de marketing do passado: "há produtos demais. Organizações demais. Barulho demais". A seu ver, na selva de comunicação, a única esperança para a propaganda era tornar-se seletiva, concentrando suas verbas em objetivos bem delimitados, bem posicionados. Ries e Trout abordaram essencialmente a estratégia de comunicação, explicando o conceito de posicionamento através da propaganda.

Entretanto, como a comunicação é o ato de transmitir e receber mensagens, seja por meio da linguagem falada ou escrita, seja por meio de outros sinais, signos ou símbolos, ela não se limita à propaganda. Sendo assim, a comunicação de um posicionamento desejado se faz também por meio dos outros aspectos do *mix* de marketing, ou seja, produto, preço e ponto. Um nome, uma embalagem e um ponto-de-venda podem dizer muito de um produto ao cliente. Comunicam um posicionamento, como se vê a seguir.

As legítimas Havaianas completaram 40 anos em junho de 2002. Não faltaram motivos para sua fabricante — a São Paulo Alpargatas — comemorar a data. As Havaianas deixaram de lado o estigma de calçados das classes de baixa renda, sem *glamour*, e se tornaram *fashion*. Com isso, o volume de vendas disparou, passando de 70 milhões de pares ao ano, em 1994, para 119 milhões em 2001 — um crescimento de 70%. Hoje existem vários modelos no mercado, em diversas cores, desde o tradicional azul e branco até a sandália com cristal Swarovsky, com preços para todos os bolsos. Elas estão em 43 países, entre eles EUA e França, onde são vendidas nas Galeries Lafayette, em Paris. A disparada das vendas, a diversificação da linha de produtos e as exportações são fruto da reviravolta da marca Havaianas, que começou em 1994. Na época, o fabricante descobriu, através de pesquisas, que o cliente queria novidades. Para esses clientes foram lançadas as Havaianas Top, sandálias monocromáticas que deram um estímulo a mais para o reposicionamento da marca no mercado. Além de inovar, as Havaianas queriam dissociar os chinelos de um calçado típico da classe de baixa renda. Ao fazer a mudança da marca, o grande desafio era convencer a classe média a usar sandálias de borracha. Além de mexer no produto e no preço, a empresa promoveu uma campanha de reposicionamento, com comerciais mostrando personalidades como a modelo Luma de Oliveira, a atriz Débora Secco, o ator Marcelo Anthony e o jogador de futebol Raí. O resultado foi que a classe média passou a comprar as sandálias, e a classe de baixa renda sentiu-se ainda mais confortável usando-as.

A Kérastase é uma linha de tratamento capilar que existe internacionalmente desde 1994 e faz parte da divisão de luxo da L'Oréal, ao lado de marcas como Lancôme, Helena Rubinstein e Biotherm. Toda a ação de *merchandising* e treinamento é concentrada nos institutos e salões de beleza, onde, tudo dando certo, o cliente leva um produto Kérastase para casa depois de ver o resultado da aplicação no próprio cabelo. Daí a importância de o ambiente exibir pôsteres, calendários e outras peças publicitárias com a imagem, em tese, almejada pelos clientes. A marca muda freqüentemente o material de divulgação. Mas pela primeira vez mudou o rosto das mulheres que a representam, objetivando o seu rejuvenescimento. A comunicação visual não foi a única que mudou. Renovaram-se também as embalagens com o mesmo propósito.

A Skol, no início dos anos 1990, ocupava a quarta posição do mercado. Entretanto, pesquisas mostraram que 20% dos consumidores da marca eram jovens de 18 a 24 anos. De posse desses dados, a organização elaborou uma estratégia de comunicação específica para essa faixa etária. A partir daí, elaboraram-se novas abordagens para esse mercado. Posteriormente, nova pesquisa qualitativa com esse público revelou que a cerveja era consumida por ser "macia e suave". Esse foi o caminho para a criação, pela F/Nazca Saatchi & Saatchi, do *slogan* "a cerveja que desce redondo". A marca passou então a patrocinar competições esportivas e festivais, sempre com o objetivo de levar a mensagem da marca aos jovens. Com essa estratégia de posicionamento focando o público jovem, a Skol passou a liderar o mercado de cervejas.

Estes são apenas alguns dos inúmeros exemplos de atuação das marcas no mercado por meio da estratégia de posicionamento. É fácil notar que as marcas foram apresentadas tal como queriam ser vistas ou percebidas pelos segmentos-alvo.

No início do capítulo, fez-se alusão à peça *Assim é se lhe parece*, de Luigi Pirandello. Nela o autor sugere que as ações concretas não são nem boas nem más em si mesmas, pois isso depende de como as pessoas as percebem. A realidade está dentro de cada um. Tal é a idéia que deve ser aplicada na estratégia de posicionamento. Ou seja, a imagem que as pessoas fazem das organizações e de seus produtos deve nortear as ações a serem empreendidas para posicionar uma marca no mercado.

Considerando o atual grau de saturação do mercado — produtos demais, organizações demais, marcas demais —, a única saída é a diferenciação. E isso somente se consegue com uma boa estratégia de posicionamento, o que às vezes requer ações combinadas, alterando todos os elementos do *mix* de marketing: produto, embalagem, preço, distribuição e comunicação. O marketing não concretiza tais ações sozinho; precisa da colaboração de outras áreas funcionais da organização. Esse é o tema do próximo capítulo.

Exercitando conceitos

1. Considerando os parâmetros de qualidade e preço, elabore um mapa de percepção para as marcas de sua empresa em comparação com marcas concorrentes.
2. Considerando os componentes do *mix* de marketing, mostre as oportunidades que podem ser exploradas e a estratégia de posicionamento adequada.

8

A interface do marketing com outras áreas funcionais da organização

O ponto de partida do marketing como filosofia organizacional está no princípio básico de que os clientes têm necessidades a serem atendidas e que para tanto a organização deve coordenar os esforços de suas áreas funcionais, visando não só conquistar esses clientes, mas também torná-los leais à marca.

Clientes satisfeitos costumam proporcionar aumento de vendas e, portanto, lucros crescentes.

O desafio de uma empresa voltada para o marketing é desenvolver uma proposta de valor de um produto ou serviço que atenda integralmente às necessidades e expectativas dos seus clientes efetivos e potenciais.

Ao desenvolver uma proposta de valor única, exclusiva, a organização consegue definir um posicionamento claro na mente dos consumidores, um conjunto de razões que os levam a preferir uma marca a outras.

Ser percebido como diferente pelos consumidores, quer pela diferenciação, quer pelo preço baixo relativamente aos concorrentes, exige um grande esforço da organização no sentido de ajustar suas diversas atividades (processos) à cadeia de valores de seus clientes.

O profissional de sucesso deste novo milênio tem que desenvolver uma visão holística da organização e relacionar-se com todas as áreas funcionais.

Porém, mesmo as organizações voltadas para o marketing, que têm os clientes como centro de seu pensamento estratégico, deparam-se com grandes desafios competitivos para definir o posicionamento. Isso por diversas razões, a saber:

- os consumidores estão cada vez mais exigentes;
- as melhores práticas organizacionais estão sendo rapidamente imitadas pela concorrência;
- as estratégias de produtos ou serviços estão cada vez mais parecidas;
- os consumidores deixam facilmente de ser leais às marcas;
- os investimentos no desenvolvimento de novos produtos não estão sendo recuperados no tempo previsto, acarretando muitas vezes prejuízos;
- existe uma contínua deflação dos preços de produtos e serviços em escala global, para desespero das empresas e alegria dos consumidores.

Já foi tempo em que o executivo de marketing era o responsável pelas vendas ou pela comunicação. Hoje a função marketing alcança toda a organização e deve interessar a todos os funcionários. Afinal, toda atividade empresarial deve ter o seu início e fim no cliente.

Para atingir os seus objetivos, o executivo de marketing deve criar grupos de trabalho multidisciplinares. Ao fazer com que outros departamentos se comprometam com os seus projetos, ele pode obter melhores resultados.

A seguir relacionamos algumas atividades de marketing que podem ser compartilhadas com outras áreas funcionais.

Suprimentos e produção

O executivo de marketing deve estar atento às seguintes atividades relativas a suprimentos e produção: nível dos estoques e custos de armazenagem; gerência dos pedidos, visando evitar estrangulamentos ou ociosidade de produção; desenvolvimento de embalagens; procura de fornecedores alternativos e produtos substitutos; definição dos padrões de qualidade dos insumos, matérias-primas e produtos acabados; discussão das prioridades nas linhas de produção, em função da sazonalidade e de promoções especiais.

Logística e distribuição física

No que tange à logística e à distribuição física, cabe destacar: a avaliação sistemática dos custos de aquisição de um cliente em função dos canais utilizados; o gerenciamento da rotação dos produtos nos pontos-de-vendas e dos problemas de estoques; o controle do *lead time* existente entre o pedido e a entrega do produto ao cliente; os estudos de otimização das entradas e saídas de mercadorias, bem como dos custos dos transportes e estoques.

Recursos humanos

Mantendo um relacionamento estreito com o departamento de recursos humanos, o executivo de marketing responsável pela área comercial poderá valer-se do conhecimento inerente à gestão de pessoas, a saber: recrutamento, seleção, capacitação, plano de carreira, benefícios e motivação dos funcionários. Afinal, o departamento comercial (marketing, vendas e atendimento ao cliente) costuma empregar um bom número de pessoas.

Os conhecimentos dos especialistas nessa área certamente ajudarão o executivo de marketing no recrutamento de seus funcionários; no desenvolvimento de campanhas de incentivo à força de vendas; nos programas de treinamento; na elaboração dos planos de carreira; e nas atividades relacionadas ao endomarketing, destacando-se aí o gerenciamento da comunicação interna e do clima organizacional.

Finanças

O objetivo principal de toda empresa é obter resultados que se traduzam em lucros sustentáveis ao longo do tempo.

Para tanto o departamento de marketing investe no desenvolvimento e lançamento de novos produtos; no fortalecimento da marca; na ampliação dos canais de distribuição; na capacitação da equipe de vendas e atendimento, entre outras atividades.

Às vezes, porém, o departamento de marketing é visto pelo departamento financeiro como mero centro de custo, ou seja, consome recursos vultosos que poderiam ser aplicados no mercado financeiro, não contribui para a redução dos custos e em geral não está preocupado com a lucratividade das operações de marketing.

Com a estabilidade econômica, o departamento financeiro das grandes empresas brasileiras aproximou-se mais da área de marketing e de outras áreas funcionais, pois percebeu que para obter lucros sustentáveis é fundamental aumentar a percepção de valor dos produtos e serviços oferecidos a seus clientes. Assim, tratou de ajudar o marketing a buscar continuamente ganhos de eficácia operacional (redução e controle de custos das atividades organizacionais) mediante a identificação dos principais *drivers* de custos e receitas dos produtos e serviços.

Como se sabe, compete ao departamento de marketing aumentar as vendas dos produtos e serviços, conquistar participação de mercado e aumentar a satisfação dos clientes. Tudo isso valoriza a marca, um dos principais ativos da empresa, e contribui decisivamente para o aumento dos lucros ao longo do tempo. Tais metas costumam ter prazos superiores a um ano e sua consecução é formalmente detalhada nos planos de marketing.

Assim, um bom gerente de marketing procurará desde logo entrosar-se com o departamento financeiro, transformando-o num importante aliado para a obtenção dos recursos financeiros, humanos e materiais de que necessita para operacionalizar os seus planos.

Tecnologia da informação

O avanço da tecnologia da informação (TI) está gerando uma série de oportunidades que influenciam fortemente as estratégias mercadológicas das empresas. Graças a esse avanço e à adoção de modernas técnicas de análise estatística, os profissionais de marketing estão mais preparados para tomar decisões que envolvem, entre outras, as seguintes atividades: gerenciamento de múltiplos canais de distribuição e vendas; planejamento e desenvolvimento de novos produtos; antecipação do comportamento dos clientes e de suas expectativas; criação de novos canais de comunicação interativos, dos quais a Internet é a grande estrela; desenvolvimento de novas tecnologias de banco de dados (DBM/CRM), que possibilitam gerenciar melhor os segmentos de mercado, os processos e o relacionamento com os clientes.

O profissional de marketing do século XXI terá que conviver com fortes pressões para aumentar as vendas e as margens de lucro e satisfazer melhor os clientes. A TI é uma grande aliada do profissional de marketing nesse cenário. Entre outras coisas, sua utilização adequada permitirá:

- oferecer produtos e serviços customizados e até mesmo personalizados, consolidando o relacionamento comercial com os clientes e fortalecendo a lealdade à marca;
- diminuir o custo de aquisição de novos clientes através de canais alternativos (por exemplo, *e-commerce*);
- medir o desempenho dos funcionários, não só pelas vendas mas também pelo lucro e pela satisfação dos clientes;
- aumentar significativamente a produtividade de vendas e ampliar o serviço prestado aos clientes (referimo-nos particularmente à consolidação e à integração de *call centers*, Internet, *e-mail*, fax e outros canais, proporcionando múltiplos pontos de contato com os clientes);
- melhorar as negociações com fornecedores, notadamente pela possibilidade de tê-los ligados em rede (extranets);
- inovar na precificação de produtos e serviços.

O profissional de marketing deve, pois, tirar proveito da TI. Para tanto, deverá ser capaz de identificar e priorizar os investimentos em tecnologia que atendam às características específicas do mercado, dos canais e dos produtos com que lida, sempre levando em consideração a estratégia de crescimento e o modelo de negócios adotado pela organização em que trabalha.

Eis, em suma, como deve ser o perfil do profissional de marketing:

- compreende a fundo o consumidor;
- mede o sucesso pelos resultados;

- explora a capacidade de pensar e agir estrategicamente;
- utiliza a criatividade e a capacidade de (re)inventar continuamente;
- motiva a sua equipe e divide com ela o sucesso;
- entrosa-se com todas as áreas funcionais e obtém resultados por meio das pessoas;
- é mais um ouvinte ativo do que um falante ativo;
- é sempre bem-informado, sabendo antever problemas e explorar oportunidades;
- monitora constantemente os seus concorrentes;
- confia na intuição pessoal e ousa.

Exercitando conceitos

1. Quais os principais conflitos entre marketing e finanças?
2. Como é possível minimizar tais conflitos?

Conclusão

As mudanças e a rapidez com que elas ocorrem, típica dos tempos atuais, têm exigido das organizações uma eficiência cada vez maior, transformando o gerenciamento dos negócios em atividades cada vez mais complexas.

A eficiência organizacional se traduz na síntese das competências de seus profissionais. Ter uma visão de conjunto da organização, dos processos que lhe são próprios e desenvolver trabalhos em equipes multidisciplinares são características comuns dos profissionais das organizações líderes de mercado.

Este livro teve por objetivo ajudar o leitor a compreender o que é marketing, evidenciando sua contribuição para a organização, seus fundamentos e princípios básicos, bem como a inter-relação entre ele e as demais áreas da organização. Procurou-se não apenas dar ao tema um desenvolvimento lógico e acessível, mas também fornecer exemplos de experiências brasileiras.

Tal objetivo terá sido alcançado se, uma vez terminada a leitura, você entender que:

- a organização começa e termina com o cliente;
- os clientes não são todos iguais; existe um grupo deles que você pode atender melhor e com mais lucro;
- cumpre enfatizar a manutenção dos clientes atuais, sem negligenciar a conquista de novos clientes;
- é importante gerenciar o valor de um cliente ao longo do tempo, e não apenas lucrar com cada transação;
- deve-se evoluir de produtos padronizados para customizados e destes para produtos personalizados;
- é preciso desenvolver uma dinâmica de preços segmentados, ajustada aos produtos, serviços, clientes e mercados;
- estar sempre atento às novas possibilidades de distribuição e comunicação pode significar ganhos adicionais;
- a comunicação deve ser usada de forma integrada, direcionada e não-perdulária;
- o uso de instrumentos de apoio, tais como a pesquisa de marketing e a tecnologia de informação, possibilita tomar decisões com menores riscos e criar novas oportunidades de negócios;
- é essencial trabalhar com equipes multidisciplinares.

Bibliografia

Ambrosio, Vicente. *Plano de marketing passo a passo. Um roteiro prático para lançar com sucesso produtos, serviços e idéias.* Rio de Janeiro, Reichmann & Affonso Editores, 1999.

American Marketing Association (AMA). *Dictionary of marketing terms.* Chicago, Bennet, 1988.

Anderson, C. H. & Vincze, J. W. *Strategic marketing management.* New York, Houghton Mifflin, 2000.

Babbie, E. *Métodos de pesquisa de survey.* Belo Horizonte, UFMG, 1999.

Breen, G. E. & Blankenship, A. B. *Pesquisa de marketing.* São Paulo, Makron Books, 1991.

Chetochine, G. *Marketing estratégico da distribuição.* São Paulo, Makron Books, 2000.

Cobra, M. *Plano estratégico de marketing.* São Paulo, Atlas, 1991.

_____. *Marketing básico.* São Paulo, Atlas, 1997.

Drucker, Peter F. *O melhor de Peter Drucker: a administração.* Trad. Arlete S. Marques. São Paulo, Nobel, 2001.

Faley, L. & Randall, R. M. *Macroenvironment on analysis: understanding the environment outside the industry.* New York, John Wiley & Sons, 1994.

Hamel, G. Inovação como valor máximo. *HSM Management* (31), Mar./Apr. 2002.

Hooley, G. J.; Sauders, J. A. & Piercy, N. F. *Estratégia de marketing e posicionamento competitivo*. 2 ed. São Paulo, Prentice Hall, 2001.

Karsaklian, E. *Comportamento do consumidor*. São Paulo, Atlas, 2000.

Kotler, P. *Princípios de marketing*. 6 ed. São Paulo, Prentice Hall, 1993.

_____. *Administração de marketing: a edição do novo milênio*. São Paulo, Prentice Hall, 2000.

Levitt, T. Marketing myopia. *Harvard Business Review*, p. 45-56, July/Aug. 1960.

_____. *A imaginação de marketing*. São Paulo, Atlas, 1990.

Mattar, F. N. *Pesquisa de marketing*. São Paulo, Atlas, 1993.

Pinker, S. *Como a mente funciona*. São Paulo, Cia. das Letras, 1998.

Porter, M. E. *Estratégias competitivas: técnicas para análise de indústrias e da concorrência*. Rio de Janeiro, Campus, 1991.

Richers, R. *O que é marketing*. São Paulo, Brasiliense, 1981.

Ries, A. & Trout, J. *Posicionamento: a batalha pela sua mente*. São Paulo, Pioneira, 1995.

Rocha, A. da & Christensen, C. *Marketing — teoria e prática no Brasil*. 2 ed. São Paulo, Atlas, 1999.

Sandhusen, R. L. *Marketing básico*. São Paulo, Atlas, 1993.

Schiffman L. G. & Kanuk, L. L. *Comportamento do consumidor*. Rio de Janeiro, LTC, 2000.

Sheth, J. N. et alii. *Comportamento do cliente — indo além do comportamento do consumidor*. São Paulo, Atlas, 2001.

Whiteley, R. C. *A organização totalmente voltada para o cliente: do planejamento à ação*. Rio de Janeiro, Campus, 1992.

Os autores

Darci Basta

Mestre em gestão empresarial pela Ebape/FGV, especialista em educação pela Universidad de la Habana e pós-graduada em administração de empresas pela Universidade Mackenzie de São Paulo. Economista com vasta experiência em pesquisa e análise de mercado, gerência de produtos e planejamento de marketing em empresas como Nestlé, Duratex, Telesp e Matarazzo, é professora dos cursos de pós-graduação da Fundação Getulio Vargas.

Fernando Roberto de Andrade Marchesini

Mestre em gestão empresarial pela Ebape/FGV, pós-graduado em marketing pela Escola Superior de Propaganda e Marketing e em comércio exterior pela OEA. Especialista em marketing e vendas e consultor de empresas, é professor dos cursos de pós-graduação da Fundação Getulio Vargas.

José Antônio Ferreira de Oliveira

Mestre em gestão empresarial pela Ebape/FGV, pós-graduado em pesquisa de mercado e opinião pública pela Universidade do Estado do Rio de Janeiro e graduado em administração de empresas pela Universidade de Ciências Políticas e Econômicas do Rio de Janeiro — Cândido Mendes. Com mais de 20 anos de experiência em planejamento e marketing, tendo atuado em empresas nacionais e multinacionais, é professor dos cursos de pós-graduação da Fundação Getulio Vargas.

Luís Carlos Seixas de Sá

Mestre em planejamento organizacional pela Ebape/ Fundação Getulio Vargas, *master* pela HEC Graduate School of Business (França), economista formado pela Pontifícia Universidade Católica do Rio de Janeiro. Foi gerente de marketing do Citibank, gerente nacional de vendas da American Express e diretor executivo de marketing da Bradesco Seguros. Coordenador acadêmico do MBA em marketing da Fundação Getulio Vargas desde 1996.